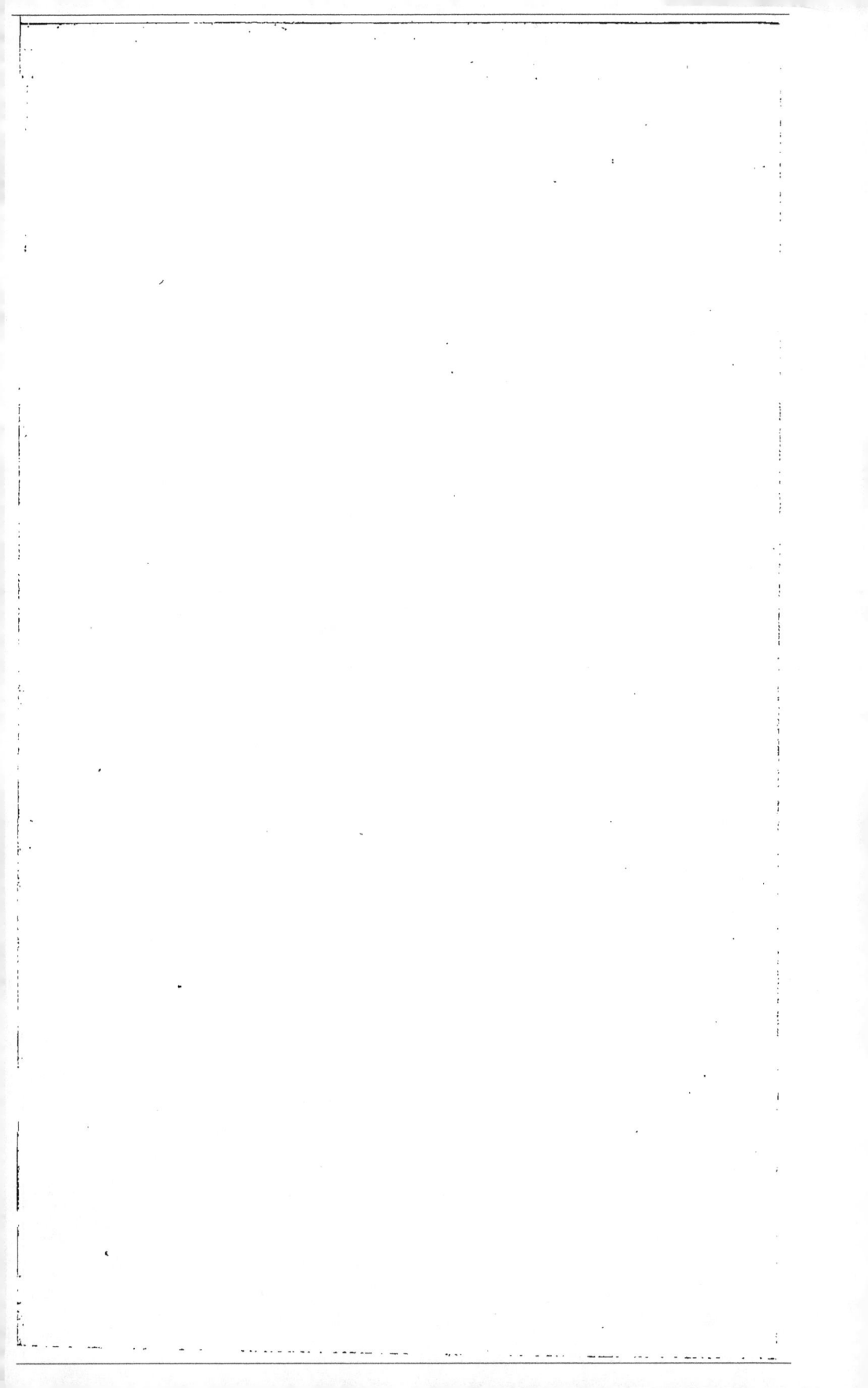

# EXPÉDITIONS

## DE

# CONSTANTINE

BESANÇON, IMPRIMERIE ET LITHOGRAPHIE DE L. SAINTE AGATHE.

# EXPÉDITIONS

DE

# CONSTANTINE

ACCOMPAGNÉES DE

RÉFLEXIONS SUR NOS POSSESSIONS D'AFRIQUE

## PAR V DEVOISINS

*Carte et Plan pour l'intelligence du Lecteur*

ILLUSTRATIONS

*par J Gigoux et Porret*

## PARIS

| RORET LIBRAIRE | ANSELIN LIBRAIRE |
|---|---|
| Rue Haute-Feuille | Rue et Passage Dauphine |
| BESANÇON — BINTOT ÉDITEUR | ALGER — BRASCHET ET BASTIDE |

**1840**

**L**A rupture du traité de la TAFNA n'était pas consommée lorsque cet ouvrage fut mis sous presse ; si l'auteur n'a pas su prévoir tous les désastres que cet événement devait attirer sur nos possessions d'Afrique, du moins reconnaîtra-t-on qu'il n'augurait rien d'avantageux de cette puissance ARABE créée par nos soins, à côté de celle que nous cherchons à établir dans les pays d'Algérie.

C'est moins aux ministères qui se sont succédé depuis 1830, qu'à l'absence d'idées politiques et de patriotisme chez plusieurs de nos généraux, qu'il faut attribuer la fâcheuse position dans laquelle nous sommes maintenant en Afrique.

A une autre époque, d'autres Français, séparés de leur pays par des mers que leurs flottes ne pouvaient plus franchir, décimés par la misère, par les combats, par la peste, parcourent les vastes contrées qui séparent les ruines de Thèbes des remparts de St.-Jean-d'Acre, les cataractes du Nil des rives du Jourdain; ils chassent devant eux les fameux Mameloucks, les *invincibles* Janissaires, les Arabes et jusqu'aux sicaires anglais; et les héros des Pyramides n'abandonnent la terre des Pharaons pour courir à la défense du continent européen, qu'après y avoir laissé les germes d'une civilisation qui tend chaque jour à prendre un large développement.

Qu'étaient les Bédouins de Syrie et du désert

de Lybie pour les Désaix, les Kléber et les Napoléon? Étudiez les campagnes de ces capitaines célèbres, et consultez leurs opinions sur les hordes nomades que la possession de l'Algérie nous donne à combattre......

Plusieurs systèmes d'administration et de guerre ont été vainement essayés depuis la conquête de 1830. Des généraux, des hommes d'état ont quitté l'Afrique, après avoir inutilement épuisé leurs théories et émoussé l'épée qu'ils avaient conservée intacte en traversant la révolution et l'empire, et, à aucun période de l'occupation, nos projets sur l'Algérie n'ont été soumis à une épreuve aussi douteuse qu'ils le sont en ce moment. La France nous semble moins avancée dans cette question importante, pour laquelle on a déjà sacrifié tant d'hommes et d'argent, que le jour où l'armée expéditionnaire entra dans Alger. Alors la terreur qu'inspirait notre victoire nous donnait une domination morale sur ces populations, dont la barbarie est loin d'être dénuée de jugement, tandis qu'aujourd'hui nos fautes semblent leur avoir fait comprendre ce qu'il y avait de légèreté dans nos actions, et les points vulnérables que nous offrions à leurs coups.

Chaque année a vu éclore un gouverneur nouveau, armé d'idées nouvelles qu'il s'empressait de mettre à l'ordre du jour, idées qu'il ne comprenait peut-être pas lui-même, que tous n'entendaient pas, et dont l'application, possible ou non, était un problème... Presque tous les hommes qui se sont succédé au pouvoir, n'ont fait que grossir les embarras de l'avenir, parce qu'à l'époque où nous sommes, nous le répétons, les intérêts nationaux s'effacent devant les calculs personnels: aussi, lorsque des difficultés imprévues mettaient en péril les flasques combinaisons de la politique de nos généraux, ils se hâtaient de couvrir leurs erreurs par quelques expéditions armées, dont les plus grands succès n'ont eu pour résultat que de grever davantage le budget, et d'irriter la population arabe.

Dans cet état de choses, les uns se plaignent de la modération apportée dans nos rapports avec les indigènes, et demandent un système d'extermination ; d'autres veulent des conquêtes militaires, une occupation disputant sans cesse du terrain aux Arabes Bédouins, jusqu'à ce que la supériorité de nos armes les ait forcés à fléchir devant nous. Nous ne nous arrêterons pas à montrer ce que de pareils principes ont d'erroné; les événements passés, le présent parlent, et c'est en rappelant ces expéditions entreprises, le plus souvent sans une absolue nécessité, que nous prouverons tout le vide des raisonnements *guerroyeurs* qui en font désirer la continuation sur une plus grande échelle.

Les malheurs éprouvés récemment par nos colons d'Alger, malheurs qui ont réveillé l'attention de la France sur nos possessions d'Afrique, tiennent à une cause sur laquelle le jugement de nos hommes d'Etat peut être abusé ou distrait par nos préparatifs militaires, mais dont toute la puissance de nos armes ne saurait garantir l'éloignement pour l'avenir. Cette cause est dans le morcellement agricole. Si l'on persiste à établir en face des Arabes de petites fermes, ou même ce que l'on appellerait, dans nos pays, de grandes fermes, les cultivateurs ne seront jamais à l'abri des incursions de nos adversaires. Il est à la connaissance de tout le monde que les Bédouins, dans leurs entreprises hostiles les mieux combinées, ont toujours craint d'attaquer les lieux où ils savaient rencontrer quelque résistance; n'est-il donc pas indispensable à la sécurité future de nos établissements de grouper la population rurale par masses de 15 à 1800 individus, logés, non dans des maisons sans défenses, comme le sont celles de nos villages, mais dans de grands édifices, avec étables, hangars, etc., susceptibles d'être convertis, d'un instant à l'autre, en véritables places de guerre.

Une population de 1800 âmes peut fournir une garde permanente, capable de mettre l'établissement agricole à l'abri des surprises, et le gouvernement pourrait encore, dans chaque centre d'exploitation, ériger une caserne pour loger au besoin quelques troupes, qui assurément auraient un intérêt plus puissant et plus soutenu à défendre des positions où elles trouveraient quelques habitudes de bien-être, qu'à faire respecter des parapets de camps volants élevés sur toutes les limites de nos possessions.

Si l'on ne savait à quel point l'homme est esclave de la routine, on ne concevrait pas, en vérité, qu'on ait pu avoir l'idée de disséminer des familles de cultivateurs dans la campagne d'Alger, où avec des forces bien supérieures à celles que nous pouvons entretenir en Afrique, on ne parviendrait pas à fermer tout accès aux hordes bé-

douines. Il faut donc, pour obvier aux funestes
conséquences d'une confiance aveugle, établir un
système d'habitations qui permette aux colons de
se protéger et de se défendre, comme les Romains
l'avaient compris dans l'organisation de leurs colonies militaires sur le même sol. Si l'esprit de nos
hommes d'Etat pouvait s'élever au-dessus des
voies ordinaires, quand il s'agit de dispositions
domestiques et industrielles, s'ils pouvaient exa-
miner sérieusement une conception sociale qui,
pour être neuve, n'en est pas moins pratique, ils
seraient bientôt convaincus qu'un mode de colonisation, susceptible de réussir en Algérie, est une
combinaison analogue aux grandes réunions so-
ciétaires proposées par plusieurs théoristes de nos
jours. Ce qui, en France, est à l'état de science,
devient, au pied de l'Atlas, une nécessité de position, c'est la condition du salut et de la sécurité de
nos colons, c'est le moyen d'établir une population
agricole et industrieuse en face d'une population
barbare, chez laquelle la civilisation moderne n'a
point encore trouvé d'écho. Mais, dans notre siècle
de corruption, de faste et de misère publique, à
une époque où l'égoïsme s'étend comme une lèpre
sur la société dont il détruit tous les liens, où l'or
remplace la vertu, les talents, et souvent même

efface, à notre honte, les souillures d'une vie qui
n'est point sans reproches, s'il est des hommes de
cœur qui fuient par instinct ou dégoût les grands
centres d'immoralité, pour chercher dans les
camps africains les dangers de la seule guerre
qui occupe la France depuis des années; c'est
qu'aux armées la noblesse de l'âme trouve toujours des sympathies; c'est qu'en face des dangers
l'homme redevient ce qu'il cesse d'être au milieu
des agitations turbulentes et fiévreuses d'une ambition, qui s'épuise à satisfaire des besoins insa-
tiables, des exigences tyranniques.

Les dangers retrempent le cœur des hommes,
et tous les beaux sentiments, toutes les concep-
tions heureuses naissent de l'accord de leurs intérêts en péril. Voilà pourquoi beaucoup d'individus mettent la guerre au-dessus de tous les
autres moyens colonisateurs, en font leur unique
argument, et voient surtout dans une fréquente
succession de combats, l'avantage de vivre éloignés d'un monde où règne le principe infécond et
odieux de l'individualité. Le bruit des armes leur
est plus agréable que celui des tourmentes politiques; ils préfèrent les privations du soldat aux
déceptions de la société.

Cependant deux hommes ont grandi par suite de nos guerres : HADJI-ACHMET d'abord, puis ABD-EL-KADER ; Achmet, qui semblait être, par son despotisme, le dernier héritier de la tyrannie turque, ne pouvait résister à notre puissance ; mais le second, qui fait aujourd'hui mouvoir à son gré toutes les populations bédouines, cet autre FIRMUS, comme l'appelle M. Dureau de la Malle, pourra rencontrer un THÉODOSE dans nos rangs, mais il ne saurait être anéanti aussi facilement que le souverain de Constantine.

Ce n'est point derrière d'épaisses murailles que l'Emir abrite son pouvoir ; il le fonde sur la superstition de ses coreligionnaires. En exaltant leur imagination enthousiaste, il les entraîne dans une cause, qu'il présente comme celle de Dieu dont il se proclame le ministre et l'organe. Abd-el-Kader compte plus sur ses ressources astucieuses que sur ses forces militaires ; aussi cherche-t-il plutôt à prendre le caractère de l'ange *El-Mohdhy,* de l'expédition d'Egypte, que celui du Jugurtha des Romains.

La connaissance des mœurs des Arabes, et la facilité que nous avons à trouver des auxiliaires parmi ces peuples crédules, jointes aux considérations dans lesquelles nous venons d'entrer, nous font penser qu'il est réservé à une *bonne politique*, plus sûrement qu'au *canon*, d'atteindre cette puissance d'hier. Il faut dépouiller ce chef du prisme dont il se couvre, et la chose n'est point aussi difficile qu'on pourrait le croire. Après lui, nous aurons peut-être à lutter encore contre de nouvelles ambitions, comme il en surgit dans tous les pays livrés au plus habile ; mais le génie d'Abd-el-Kader n'est pas commun, même parmi les peuples civilisés, et nous ne saurions rencontrer de longtemps son pareil.

L'Emir ni ses Bédouins ne nous attendront jamais en bataille rangée ; les combats partiels que ses représentants pourront engager avec nos troupes seront toujours désavantageux pour nous, tant par les fatigues qu'ils feront souffrir à nos soldats, que par le relief qu'ils donneront à notre adversaire chez les siens, si nous ne parvenons à le terrasser entièrement, ce qui semble impossible à ceux qui connaissent le genre de guerre que l'on peut faire en Afrique.

Ne sait-on pas assez qu'une armée qui traverse

les pays occupés par les Bédouins, ne laisse pas plus de traces de son passage, que le vaisseau qui sillonne les mers; après elle tout se rétablit et reprend son caractère primitif. A Alger, faut-il le dire, depuis neuf ans toutes nos troupes se heurtent sans résultats contre une seule tribu, les HADJOUTES.

D'après cela, nous persistons à dire qu'il est indifférent à la France d'apprendre que 5 à 6,000 de ses soldats ont traversé tant d'étendue de pays, et qu'ils sont revenus à leurs cantonnements après avoir poursuivi quelques Arabes. La France n'entend pas, sans doute, que l'occupation de l'Afrique ne serve qu'à l'ambition des nullités qui viennent y recueillir gloire et profit; elle veut des établissements commerciaux, des relations avec l'intérieur; elle veut qu'il y ait de la sûreté dans ses rapports avec les indigènes, et non une agression constante sur nos avant-postes; elle veut encore que des principes de sagesse et d'équité président à notre administration, et remplacent peu à peu l'emploi d'une force qui ne constitue aucun résultat social; et c'est à ce prix, nous le pensons, qu'elle consent à soutenir, par la puissance de ses armes et par la grandeur de ses sacrifices, une entreprise qui peut devenir très-avantageuse ou très-onéreuse, suivant la direction que, dans cette circonstance, l'on donnera aux affaires, après le coup funeste qu'elles viennent de recevoir. Le discours du Roi compense déjà les pertes éprouvées par une partie des colons, et cette assurance que l'Algérie est acquise à tout jamais à la France, ne saurait rester sans résultats pour l'avenir de notre belle conquête, si ses administrateurs comprennent la haute portée de leur nouvelle mission.

Février 1840.

# EXPÉDITIONS

## DE

# CONSTANTINE

### EN 1836 ET 1837

# EXPÉDITIONS

## DE

# CONSTANTINE.

———

## Réflexions Préliminaires.

—

LES Phéniciens, les Grecs et les Romains, eurent des colonies sur les côtes africaines de la Méditerranée : les ruines de leurs monuments ne sauraient laisser aucun doute sur la vérité de l'histoire qui nous les présente si florissantes. Comment se fait-il que l'on se demande chaque année, en France, ce que deviendront les possessions que nous avons conquises dans ces pays; à quoi elles peuvent être utiles, lorsque l'excédant des populations pauvres et laborieuses, gémit sur notre continent, et meurt souvent de froid et de faim à côté des palais de nos Lucullus modernes ?

La mauvaise foi des discussions, une remarquable partialité d'intérêt local, s'est, jusqu'ici, chargée de répondre à ces questions. Cependant l'Algérie est une contrée plus favorisée de la nature qu'aucune partie de la France : son climat est enchanteur, et la fertilité de ses terres, remuées par des mains habiles, enverrait promptement dans nos ports ce que nous sommes obligés d'acheter chaque année dans ceux de la Mer Noire, de l'Italie et de la Sicile. Ce n'est point seulement dans des essais non couronnés d'une complète réussite que s'est refroidi l'enthousiasme d'une partie des hommes influents pour la conquête de l'Algérie. La légèreté, l'inconstance du caractère de notre nation entrent pour une grande part dans le peu de résultats que nous offre l'occupation d'Afrique, après neuf années de possession. S'il nous était permis de sortir des bornes que nous nous sommes imposées dans cet ouvrage, nous caractériserions les travaux des Français qui se sont occupés des affaires africaines; mais notre mission n'est point de blâmer; elle est encore moins une mission d'attaque. Que les ennemis de notre conquête se rassurent donc, sous quelques formes, sous quelques habits qu'ils nous soient apparus : nous ne voulons que les plaindre d'agir contre l'intérêt général.

Les premiers Français qui suivirent l'armée en Afrique, sortirent de la portion véreuse des populations de Paris et des provinces; bientôt après, des Allemands, des Maltais, des Espagnols et des Italiens se jetèrent dans ces pays, où l'autorité nouvelle n'exigeait aucune responsabilité, ne demandait aucun compte de la moralité des habitants qui voulaient vivre sous ses lois: des négociants, venus pour l'armée, dominèrent cette population, puis, quelques spéculateurs obscurs l'augmentèrent; mais ces derniers ne s'occupèrent de la propriété que pour agioter sur les transactions dont ils s'assuraient la haute main. Le peu de fixité sur la conservation d'Alger, conduisit à cette direction pour toutes les affaires commerciales; les projets individuels se ressentirent de cette instabilité; de là ces mesquines relations de commerce, qui se bornent au trafic des denrées de France; de là cette population incapable

d'exploiter et de présenter des améliorations progressives, intéressantes et bénéficiables.

Ce premier état des choses a un peu gagné en apparence;
cependant une partie des colons existe encore autour de l'armée, les terres restent sans culture, et le petit commerce se
résume en une foule de cabarets, dont l'influence pernicieuse
entre pour beaucoup dans les causes maladives que l'on attribue
à l'atmosphère. Jadis, dans les Indes et dans nos colonies de
l'Atlantique, une population épurée et prospère arrivait des
côtes de France, consolidait par son industrie et son commerce l'avenir de nos établissements, et, par sa dignité, atta-
chait à elle les populations indigènes de nos états. Remarquons
avec quelle différence nous avons agi vis-à-vis du peuple
musulman, dont les opinions religieuses avaient besoin de
rencontrer dans la vie et la conduite de ses nouveaux maîtres,
des preuves d'une moralité de rapports en contradiction avec
les enseignements politiques de son prophète et de ses com-
mentateurs.

Nous citons à tout propos les Romains, pour et contre
l'occupation de l'Afrique, bien que nous n'ayons de similitude
avec ce peuple éminemment conquérant, que celle de la valeur guerrière; ce qui ne suffit pas à la transformation de nos
conquêtes en provinces productives. Les Romains se battaient
pour acquérir des terres où ils s'établissaient immédiatement
en cultivateurs, ils fuyaient les villes pour les campagnes: nous,
au contraire, nous combattons sans trop savoir pourquoi, et
nos chefs, pour donner matière à quelques bulletins qui
exaltent leur gloire.

Mais si nous ne pouvons agir comme les soldats de Rome le
faisaient jadis sur le monde connu, du moins notre position est

encore avantageuse. Quant à notre influence sociale, si elle est lente à se manifester, c'est que nous apportons trop de négligence à l'étude des mœurs et coutumes des indigènes. Les Arabes, au contraire, saisissent avidement tout ce qui peut les amener à connaître les ressorts qui constituent notre puissance; leur intelligence remarquable découvre nos plus secrètes pensées, et leur donne souvent une supériorité de rapports qui laisse des chances plus favorables à l'inquiétude naturelle de leur caractère insoumis et tracassier.

## COUP D'ŒIL RÉTROACTIF.

—

Les expéditions contre Constantine, et la prise de cette ville, ne sauraient être considérées comme conséquences inhérentes à notre occupation du littoral de l'Algérie.

La France recula longtemps devant cette nouvelle conquête: elle ne se rendit qu'à la force des événements , parce qu'elle voyait dans la possession de Constantine de nouveaux embarras à son administration en Afrique. Les différents ministères qui se sont succédés depuis 1830 , se sont, à peu de chose près , accordés pour ajourner l'entrée de nos troupes dans l'intérieur de la régence. Leur pensée a-t-elle été nationale ou digne de blâme, devaient-ils céder à l'impatience des uns , à l'ambition des autres, au besoin d'aventures et de combats qui anime nos soldats et leurs chefs?.... C'est une question qui ne rentre pas dans le domaine de l'histoire que nous nous proposons d'écrire, et qui ne saurait être impartialement jugée dans les lieux où ces décisions gouvernementales froissent des intérêts personnels et de localité. Notre tâche se bornera à rapporter des faits accomplis; tout commentaire tiré de l'opinion publique serait déplacé dans ce récit, où rien n'est donné au hasard ; un livre historique ne doit pas être une œuvre composée dans une pensée étroite et haineuse; que d'autres signalent donc les nouveaux Calpurnius, s'il en existe; qu'ils apprennent au moderne Jugurtha les mésintelligences qui peuvent servir sa cause ; qu'ils montrent enfin à la barbarie la civilisation prête à transiger, à vendre son honneur pour de l'or. L'histoire a une mission plus noble à remplir, et les défauts partiels qui assombrissent souvent l'effet d'une grande œuvre vue de près, ne terniront point le monument national que nous cherchons à élever à la gloire de notre pays, en lui retraçant les héroïques exploits de ses enfants d'Afrique.

---

La conquête de Constantine avait occupé la pensée du maréchal Clauzel. Lors de son premier voyage d'Alger, ses regards embrassèrent déjà jusqu'aux limites de l'ancienne province de Constantine, dont il jugeait la soumission, sinon la possession, nécessaire à ses vues ultérieures, et ce fut pour donner un commencement d'exécution à ses projets de resserrer le pouvoir en sa seule main, qu'il fit son expédition de Médéah, et prononça, le 15 décembre 1830, la déchéance du bey Achmet (1), démonétisation verbale qui ne pouvait avoir d'effet qu'appuyée par la force de nos armes.

M. le maréchal Clauzel reconnut toutes les difficultés de la mission que lui avait confiée le gouvernement de juillet, et

---

(1) Au quartier-général d'Alger, le 15 décembre 1830.

Le général en chef,

Considérant que le bey de Constantine s'est refusé à faire acte de soumission; qu'il a constamment résisté aux injonctions réitérées qui lui ont été faites à ce sujet; qu'il n'a payé aucun impôt, qu'il n'a satisfait à aucune subvention; qu'enfin, dans les villes, et particulièrement dans celle de Bone, il affecte de persécuter les habitants qui se sont montrés partisans de la domination française;

Sur la proposition de l'intendant, arrête :

Art. 1er. Hadji-Achmet, bey de Constantine, est déchu, et les peuples de sa dépendance sont déliés de toute obéissance à son égard.

Art. 2. Il sera incessamment pourvu à son remplacement.

*Signé* CLAUZEL.

les aborda en homme de génie et de généreuse intention. C'est encore sous son commandement de 1830 à 1831, que les Européens furent autorisés à s'établir sur ces rivages africains, et que naquit l'idée de compter désormais cette partie des États barbaresques, au nombre des pays acquis par droit de conquête.

Une expédition sur Bone, ville maritime de la province de Constantine, avait obtenu le plus grand succès en 1830. M. de Bourmont en avait chargé le général Damrémont, qui, malgré une résistance opiniâtre des Arabes, finit par surmonter tous les obstacles à l'entreprise que lui avait confiée le vainqueur d'Alger.

La nouvelle des événements de juillet arriva à l'armée expéditionnaire d'Afrique pendant la prise de possession de Bone, et le général en chef rappela aussitôt cette brigade, commandée par le général Damrémont, qui rentra à Alger quarante jours après son départ de cette ville.

Une seconde expédition, qui n'était qu'une occupation convenue d'avance avec les habitants de Bone, fut dirigée par MM. Houder et Bigot; ces officiers débarquèrent le 14 septembre 1831 sur la plage de Bone, avec 125 zouaves indigènes, et le 11 octobre suivant, ceux d'entre eux qui avaient échappé au massacre rentrèrent à Alger. Enfin le duc de Rovigo, arrivé au commandement supérieur de l'armée, fit occuper, en mars 1832, cette ville maritime du bey Achmet, après que la tentative téméraire de M. le capitaine d'Armandy et du capitaine Jusuf nous eut acquis sa citadelle. Bone est restée depuis au pouvoir de la France.

De cette époque à la fin du commandement du lieutenant-général d'Erlon, toute pensée d'agrandissement de nos possessions fut.oubliée ; mais bientôt les désastres d'Oran, la retraite de la Macta, nous rappelèrent de l'engourdissement où nous semblions plongés. Alger, sous son point de vüe progressif, avait reculé ; Bone, où commandait le général Monck-d'Uzer, achetait la tranquillité à l'ennemi ; enfin, Oran préparait ce dédale de politique et d'armement, dont le résultat qu'on en espérait alors est loin d'être assuré aujourd'hui.

Ce fut pour résoudre militairement toutes les questions embarrassantes, que le ministère se rendit aux vœux de la population d'Alger, en envoyant une seconde fois le maréchal Clauzel comme gouverneur général des possessions françaises dans le nord de l'Afrique. M. Clauzel, que tous les partisans de la colonisation ou de l'occupation définitive, reçurent comme la preuve la plus assurée des bonnes intentions du gouvernement pour ces pays, éveilla toutes les espérances ; l'agitation fut à son comble : partout le mouvement des affaires se ranima, tandis que l'armée préparait ses armes pour une suite de combats qui ne devaient cesser qu'après la soumission entière de tous ces voisins plus turbulents que redoutables, dont les anti-Africains semblent entretenir l'agression.

Les événements d'Oran, qui amenèrent le maréchal Clauzel une seconde fois en Afrique, et qui nous conduisirent plus tard à la conquête de Constantine, furent dus au traité de paix du général Desmichels. Ce général, qui n'avait pas eu de prédécesseur dans ce genre d'opérations, donna à Abd-el-Kader une considération qu'en bonne politique nous aurions dû repousser ; il arracha cet homme astucieux de l'obscurité qui l'accablait, pour le placer comme le restaurateur de la nationalité arabe. La France traita cette première fois avec Abd-el-Kader, comme elle pourrait traiter sur le Rhin avec la

Confédération germanique, après une guerre dont chacune des parties reconnaîtrait le désavantage ; avec Abd-el-Kader, qui sembla, dans ce premier traité, tenir plus à la reconnaissance de sa souveraineté, alors illusoire, qu'à toute autre condition. Ambitieux d'une renommée européenne, Abd-el-Kader voulut que le Roi de France lui reconnût la puissance de la terre, comme il nous reconnaîtrait celle de la mer (1). Stipulations ridicules, charlatanisme arabe que l'on sanctionna, comme si Mouheddin, le fils du marabout de Tekedempt, pouvait empêcher une escadre de sortir de Toulon, et entrer jamais pour quelque chose dans la politique européenne (2).

Ce premier traité donna à Abd-el-Kader des armes et des munitions, avec lesquelles il tomba sur une reconnaissance du brave général Trézel, qu'il espérait anéantir. La journée de la

---

(1) Pour le nouvel émir, le moment de lever le masque est arrivé : il se proclame en Afrique le roi de la terre, et nous accordant la souveraineté de la mer, il ne daigne toutefois conserver pour nous cette condescendance qu'à des conditions honteuses, intolérables. Bientôt il viole la paix et nous insulte audacieusement. Le cœur tout français d'un brave général en est vivement blessé ; il ne calcule pas ses forces, il a senti l'injure, il la repousse, il est battu, c'est-à-dire que, guidé par un honorable sentiment, il commet une grande faute : commencer la guerre par une défaite, c'est décupler la force de son ennemi.

( *Extrait de la note sur* Alger *présentée aux ministres en juillet* 1836, *et rédigée par M. de Rancé, aide-de-camp du maréchal Clauzel.*)

(2) En France on a les idées les plus fausses sur Abd-el-Kader : on s'exagère sa puissance, ses ressources ; on le croit un grand prince, on le met presque sur la ligne du pacha d'Egypte. On perd de vue qu'il y a quatre ans, cet homme n'était rien ; que la position qu'il a acquise, ce sont nos fautes qui la lui ont faite ; que l'influence dont il jouit, c'est nous qui l'avons créée.

( *Observations sur la convention conclue le 30 mai, entre le général Bugeaud et Abd-el-Kader, par le général Damrémont.*)

Macta, en jetant la consternation en France, montra la valeur des traités avec les Arabes.

Le maréchal Clauzel vengea la France et l'armée du désastre de la Macta : il incendia Mascara, résidence de l'émir, entra dans Tlemcen, que bloquaient les Arabes, et délivra nos alliés les Coulouglis; les courses dans le Chélif, le camp de la Tafna et la garnison de Rasghoun, furent les conséquences que réclamaient impérieusement les nouveaux projets du gouvernement. Après ces expéditions, la puissance d'Abd-el-Kader était perdue, disait-on ; c'est-à-dire, pour ceux qui ont appris à juger des choses arabes, que les Bédouins qui avaient tenu la campagne avec ce chef, chacun pour son propre intérêt, étaient rentrés dans leurs douairs, et que ce prince improvisé par la France, restait seul avec son cheval pour nous combattre sur le sol d'Oran.

Après avoir rétabli l'autorité française dans l'ouest de l'Afrique, le maréchal Clauzel se rendit à Alger, et de là à Médéah, en faisant ouvrir une route carrossable à travers les rochers de l'Atlas; son activité remarquable pourvoit à tout ; pendant qu'il s'occupe du voisinage d'Alger, il prépare sa guerre avec le bey de Constantine, auquel il a nommé un successeur; un camp s'établit, d'après ses ordres, à six lieues de Bone, sur la route de la capitale de cette province, dont il a déjà voulu fixer le sort il y a six années ; car Constantine se présente comme le seul obstacle qui reste à vaincre, et ses hautes pensées militaires lui font presser le ministère de lui accorder ce qui lui est nécessaire pour triompher de ce dernier et puissant boulevard de nos ennemis.

Sur ces entrefaites, les ministres qui partageaient les idées du maréchal Clauzel sont remplacés par d'autres, moins décidés à approuver ses victoires en Afrique, ses conquêtes, et l'avenir prospère qu'il attendait de ses travaux. Ce nouveau ministère lui conteste et lui retranche ses moyens d'action, et lorsqu'il réclame enfin ce qui lui a été promis pour entreprendre la conquête de Constantine, ses adversaires lui font entendre que, s'il ne veut commencer cette expédition avec les forces dont il peut disposer, un autre personnage en prendra le commandement. A ce sujet, nous ne pouvons nous empêcher de demander quel eût été le général qui se serait offert pour accepter une entreprise aussi périlleuse que celle dont le chargeait le nouveau ministère, et quel eût été l'homme de guerre, toutes haines personnelles à part, qui se serait tiré plus glorieusement des échecs qui lui étaient réservés.

Voilà les auspices sous lesquels se préparait cette expédition de Constantine en 1836. L'année s'avançait, le temps fixé ou supposé pour le départ était passé; nos ennemis commençaient à s'enhardir de nos lenteurs, tandis que nos alliés, indécis sur le parti que nos retards devaient leur faire adopter, quittaient chaque jour notre cause pour se mettre à l'abri des représailles du bey Achmet, dont ils craignaient un surcroît de puissance.

### Agression des Arabes avant l'expédition de 1836.

L'ennemi s'apercevant que, malgré nos préparatifs de guerre, nous laissions arriver la mauvaise saison sans sortir de nos retranchements, vint s'établir le 1er. octobre sur les montagnes Édough, voisines de Bone, en négligeant le camp Drahan, qu'il laissait sur ses derrières. Le 2 octobre, un Arabe annonça au bey Jusuf qu'une troupe de cavaliers venait de tomber sur la tribu des Ouled-Bouasis, distante du camp de quatre lieues environ, et qu'elle était occupée à la piller; c'était un commencement d'hostilité. Le bey Jusuf fit sur-le-champ monter à cheval, et deux escadrons de chasseurs d'Afrique, cantonnés entre la fontaine et le camp, se portèrent rapidement, avec lui et ses spahis, dans la direction du combat.

Les Ouled-Bouasis reprirent eux-mêmes leurs bestiaux, qui fuyaient devant l'ennemi, mais ils eurent deux hommes faits prisonniers et deux blessés.

Le soir du 3 octobre, les Zouaves du bey Achmet, campés sur les montagnes Édough, près de Bone, allumèrent d'énormes feux pour révéler leur présence : chacun remarqua de la ville les bivouacs de ces hommes audacieux, comme ils pouvaient voir eux-mêmes les Français se promener sur la place de Bone ; le lendemain les abreuvoirs d'une fontaine où les chasseurs d'Afrique conduisaient leurs chevaux, avaient été enlevés, ainsi que d'autres objets nous appartenant ; ce qui laissait supposer que les Zouaves ne s'étaient pas contentés de rester spectateurs du panorama de la ville française.

Le jour suivant, les mêmes Arabes descendirent de leurs retraites et mirent le feu à quelques tentes de la tribu des Kermiches, campés dans la vallée du blockhaus du Palmier. De ce jour au samedi 8, la ville ne resta assurée de leur présence que par l'incendie des sommités boisées de l'Édough; mais dans la matinée du 8 octobre 1836, les ouvriers des ponts et chaussées, travaillant au-dessus de la fontaine, furent poursuivis : un Maltais reçut une balle dans la jambe, deux autres furent pris et décapités, leurs corps furent retrouvés dans les broussailles qui couvrent les sinuosités des mamelons, à un quart de lieue ouest de la ville.

Enfin, le 9 à six heures du matin, on aperçut du camp Drahan, trois rassemblements de cavaliers : le premier au pied de la montagne des Talahs, commandé par Resguy et ben Yacoub ; le second à l'entrée de la route de Sidi-Amar, conduit par ben Aïssa, et le troisième à la pointe du lac Fezzara, ayant à sa tête l'agha des Ouled de la Kalle.

On ferma aussitôt les portes du camp pour se préparer à soutenir une attaque vigoureuse : chaque groupe de cavaliers pouvait être de 15 à 1800 hommes. A sept heures, l'ennemi n'ayant fait aucun mouvement, le bey Jusuf sortit du camp avec toute sa cavalerie, à laquelle se joignit un escadron de chasseurs, commandé par le capitaine Marion, et alla attaquer le rassemblement du lac ; nos troupes le poussèrent loin, lui tuèrent du monde, et le dispersèrent dans les montagnes. Le bey Jusuf, jugeant que son ralliement ne pourrait s'opérer de longtemps, reprit la route de Drahan.

Comme il était à moitié chemin de la pointe du Lac à nos retranchements, le commandant de Drahan lui fit dire que les deux autres rassemblements avaient tourné notre position, et enlevaient tous les Douairs du voisinage ; des cavaliers Arabes venaient pendant ce temps sous le feu de nos canons insulter et tirailler sur les troupes garnissant les parapets du camp.

Aussitôt le bey Jusuf se jette sur la route de Sidi-Amar, que les Arabes devaient prendre pour retourner chez eux ; et, embusqué favorablement, il attend leur arrivée. Les rassemblements ennemis ne tardèrent pas à paraître, emmenant avec assez de confusion tous les bestiaux pris à nos tribus : alors le bey Jusuf tomba sur eux, reprit les troupeaux enlevés, tua un grand nombre de ces Arabes qu'il mit dans une déroute épouvantable, et rentra au camp à une heure après midi, rapportant vingt-et-une têtes comme trophées de cette journée.

Le capitaine Marion se trouva engagé longtemps avec des Arabes ennemis, qu'il prenait pour des spahis de Jusuf, et finit enfin par les sabrer vaillamment, lorsqu'on lui eut appris sa méprise. Le capitaine Marion fut cité à l'ordre général de l'armée après cette affaire, comme ayant dignement inauguré le drapeau de son régiment, arrivé le même jour à Bone ; mais depuis longtemps on était habitué à entendre faire l'éloge de la bravoure de cet officier, ainsi que celle de MM. Maurice et Gallias du même corps, aujourd'hui chefs d'escadron dans l'armée.

La guerre était déclarée : nos alliés, et les tribus qui voulaient rester neutres dans nos différends avec le bey de Constantine, se voyaient forcés, par l'envahissement de leur territoire, à entrer dans la coalition que formait Hadji-Achmet. Le peu d'Arabes résidant aux environs de Bone, étaient venus planter leurs tentes sous le canon de cette place, effrayés du manque de sécurité des campagnes environnantes ; la route de Drahan, précédemment si tranquille, avait été traversée plusieurs fois par l'ennemi, des conducteurs de chariots y avaient été tués, l'escorte et le convoi journalier n'avaient dû leur salut qu'à la proximité du camp, où il se réfugièrent en hâtant la marche, tout enfin se ressentait des lenteurs de nos opérations militaires, lorsque l'arrivée du duc de Nemours vint mettre un terme aux indécisions dont nous commencions à ressentir la pernicieuse influence.

# EXPÉDITION DE CONSTANTINE

## EN 1836.

Les premières brigades de l'armée expéditionnaire partirent de Bone le 8 et le 9 novembre : celle d'avant-garde était commandée par M. le général de Rigny, celle d'arrière-garde par M. le général Trézel. Ces divisions allèrent établir leurs bivouacs à une quinzaine de lieues de Bone : l'avant-garde à Guelma, et l'arrière-garde sur le gué de la rivière la Seybouse.

Mgr. le duc de Nemours, le maréchal Clauzel, le reste de l'armée, y compris l'intendance et les gros bagages, se mirent en marche le 13 novembre à 8 heures du matin; arrivées au camp Drahan à midi environ, la cavalerie, les troupes de ligne et l'artillerie continuèrent leur route et bivouaquèrent dans un vallon couvert de bois d'oliviers, partagé par un ruisseau qui lui donne son nom de vallon de l'*Eau-Froide*, ou Moïa-Berda. Le Prince et le Maréchal vinrent aussi camper dans ce lieu, où ils furent bientôt assaillis par une pluie dont on ne peut se faire une idée, lorsqu'on n'a pas habité la côte d'Afrique en temps d'équinoxe. Les feux partout établis s'éteignirent sous des averses qui durèrent la nuit entière; l'armée, sans tentes ni moyens d'abri, resta dans une mare de boue qui menaçait de l'ensevelir vivante. Enfin, le jour si désiré vint montrer tout le désordre qu'avait causé cette nuit horrible.

Le Prince, malgré tous les soins dont on l'entoura, fut malade : le lendemain il arriva au bivouac de la Seybouse, enveloppé dans des bernous, et fut obligé de monter dans la voiture du Maréchal pendant une partie de la route.

Cette nuit avait donné à l'armée environ 200 malades ; et la cavalerie, en traversant le ruisseau, devenu un torrent impétueux, avait eu quelques chevaux noyés.

Le 14, l'armée, le Maréchal et le Prince arrivèrent, après une longue et pénible marche, au bivouac du général Trézel. Le temps avait repris sa sérénité méridionale, et chacun admirait la beauté du pays que nous parcourions. Cette vallée, qui se perd dans la chaîne des monts *Mahona* et prend naissance près des ruines d'As-Kours, a une dizaine de lieues de longueur ; riche de sources, de ruisseaux limpides, traversée par une rivière, elle est d'une fertilité, d'une végétation remarquables. Le soleil, après avoir couvert l'armée de sa chaleur bienfaisante pendant une partie de la route, s'éteignit dans les ruines répandues au milieu des bosquets d'oliviers, et cette seconde nuit de bivouac brilla des mille feux de l'armée.

L'effectif du corps d'expédition, réuni au premier gué de la Seybouse et dans les ruines de Guelma, ne montait guère qu'à 7,000 combattants, et au moment de marcher plus avant dans le pays, on laissa environ 200 malades à Guelma, avec une garnison tirée des bataillons expéditionnaires pour les garder. Une enceinte anciennement fortifiée avec les ruines de cette ville, fut relevée dans les parties où elle s'était affaissée, et le petit nombre d'hommes confiés au commandant Philipi, reçut l'ordre d'attendre le retour de l'armée.

Le lendemain, 15 novembre, S. A. R., le maréchal Clauzel et leurs états majors visitèrent les ruines de Guelma, la Ca-

LAMA des anciens (1), où était campée la division d'avant-garde, composée des Spahis, de l'infanterie légère d'Afrique, ayant pour éclaireurs la compagnie franche de Bougie; et le 16, l'armée se remit en mouvement sur deux colonnes, les bagages à l'arrière-garde, après avoir abandonné plusieurs caisses de munitions, faute des transports promis par les Arabes.

Le passage des montagnes s'exécuta malgré les grandes difficultés que rencontrèrent nos équipages : le premier jour l'armée campa sur un plateau au bord du second gué de la Seybouse, au milieu des bois et des montagnes où cette rivière s'est tracé un lit; et le second, 17 novembre au matin, elle reprit sa route, que le génie fut obligé d'élargir en plusieurs endroits.

Les mille sinuosités coupées de torrents et de ravins, couvertes de bois souvent impénétrables, où un mulet eût trouvé peine à passer, disparurent devant les bras de nos soldats, et à quatre heures de l'après midi, l'avant-garde déboucha sur le versant méridional de l'Akueba, ayant en tête de sa colonne la compagnie franche (2).

Le 17 novembre, l'avant-garde établit son bivouac sur un mamelon dominant la route de ben Tam-Tam, le gros de l'armée campa dans une plaine à sa droite, et l'arrière-garde au-dessus des ruines d'Announa (3): là plusieurs scheiks vinrent faire

(1) Voyez la note (a) à la fin du volume.

(2) Ces hommes, habitués à la guerre des montagnes, conduisaient avec eux une meute de chiens accoutumés à la recherche des Arabes, comme nos troupes l'avaient déjà fait avec succès dans les savanes de St.-Domingue.

(3) *Announa*, ancien *præsidium* romain. A la seconde partie de cet ouvrage, nous rapporterons les inscriptions les plus remarquables de ces ruines du peuple-roi.

leur soumission, et reçurent du bey Jusuf des bernous de drap
rouge, comme marque de la reconnaissance que nous faisions
de leur dignité. Jusqu'ici tout prouvait donc que nous n'aurions guère à lutter dans cette campagne que contre les difficultés de la route ; nous voyions devant nous l'espace qui nous
séparait encore de Constantine, et sans les retards que pouvait causer à la marche de l'armée le terrain accidenté qui,
des hauteurs de ce bivouac, se déroulait sous ses yeux, aucun
autre obstacle ne semblait devoir arrêter son arrivée triom-
phante dans cette ville.

Le 18, l'armée, obligée d'attendre ses équipages arrêtés
dans quelques passages difficiles, n'alla coucher qu'à Oued-
Zénati, domaine du bey Achmet, distant de 3 lieues de Ras-el-
Akueba. Ce pays, qui nous avait été annoncé comme plaine,
est couvert d'une suite de mamelons dont plusieurs sont assez
escarpés, et privé pendant une douzaine de lieues de toute
espèce d'arbres. Pendant le trajet, nous ne rencontrâmes
qu'une petite habitation servant de sépulcre au marabout de
ben Tam-Tam, et quelques religieux arabes qui vinrent au-
devant du Bey pour lui adresser leurs salamaleiks. Jusuf, afin
de se conformer aux usages musulmans qui constituent la première puissance sur les peuplades vagabondes de l'Afrique,
descendit de cheval pour faire quelques prières au saint du lieu,
puis reprit la tête de l'armée, au bruit de sa musique, après
avoir laissé aux gardiens du tombeau des marques de sa mu-
nificence princière.

Le 19 novembre, l'armée marcha de façon à regagner le
temps perdu dans l'attente des équipages ; elle franchit tous les
mamelons qu'elle voyait devant elle, et s'arrêta près d'une
tribu établie au milieu de quelques ruines romaines, où

elle trouva des fourrages pour la cavalerie. Pendant cette journée du 19, où nos troupes suivirent la rive droite de l'Oued-Zénati, les éclaireurs de l'avant-garde, composés de Spahis indigènes, commandés par le lieutenant César Marulaz, se trouvèrent un instant vis-à-vis de quelques cavaliers ennemis, qui parurent sur la rive opposée à celle où nous marchions. Ces derniers, nous accompagnant à demi-portée de fusil, engagèrent bientôt avec nos auxiliaires des conversations qui roulaient sur nos moyens d'action, et qui se terminèrent par des questions d'individus à individus, par des renseignements ou des nouvelles sur les Arabes de leur connaissance qui se trouvaient dans nos rangs ou dans les leurs. Pendant que l'avant-garde conversait amicalement avec les premiers ennemis que nous rencontrions, M. le Capitaine d'état-major Leblanc de Prébois, chef du service topographique de Bône, qui s'était écarté de la colonne pour travailler au tracé de la route, fut attaqué par d'autres Arabes, et ne dut la vie qu'au parti qu'il prit d'abandonner ses chevaux pour se laisser glisser dans les rochers sur lesquels il était parvenu par le côté praticable où l'ennemi s'avançait sur lui.

Le 20, nous nous mîmes en route à 7 heures du matin : un brouillard épais et la pluie nous accompagnèrent une partie de la journée; à quelques lieues du bivouac que nous quittions, nous vîmes plusieurs rassemblements d'hommes armés. Aussitôt, M. le Maréchal fit faire une halte à l'avant-garde, pour attendre les autres brigades et les équipages, qui toujours retardaient la marche des troupes qui les escortaient. Une fois ces troupes et ces bagages arrivés à hauteur de l'avant-garde, le Maréchal ordonna un mouvement général sur la gauche, et se présenta avec toute l'armée dans le vallon dont les Arabes occupaient hostilement les hauteurs. Cette manœuvre, qui demanda du temps pour être exécutée, n'eut d'autre résultat que de voir fuir l'ennemi ; quelques obus lancés à toute volée hâtèrent la retraite des plus hardis, et nous ne revîmes ces premiers agresseurs que lorsqu'après avoir repris la route directe que nous avions quittée pour aller à eux, ils nous rejoignirent, suivant leur habitude, en tirant sur notre colonne des coups de fusil hors de portée.

Cette contre-marche nous avait fait perdre les plus belles heures de la journée, et la nuit nous arrêta sur une petite éminence dominée par une ruine romaine, que l'on a cru reconnaître pour un tombeau monumental. Le temps, qui avait reparu beau vers le midi, se couvrit de nouveau d'épais nuages, et avant d'avoir trouvé le lieu du repos pour la nuit, toute l'armée était déjà inondée de l'eau qui tombait par bourrasques.

Nous nous reposâmes très-tard : une charge que les Spahis firent sur quelques Arabes éloignés, retint l'armée sous les armes fort avant dans la soirée ; on bivouaqua enfin, dans des terres si grasses, si fangeuses de boue, et par une obscurité telle, que ce *bivouac de boue* (comme le nommèrent les soldats), devint le commencement des désastres qui nous attendaient. Les troupes se relevèrent mouillées, méconnaissables dans leur tenue, et la manie du suicide, qui s'est particulièrement fait reconnaître dans les expéditions sur ce continent, ne tarda pas à révéler sa présence. Les vivres manquaient ; plusieurs soldats se brûlèrent la cervelle, d'autres moururent de fatigue, de faim et de froid.

Le lendemain 21, l'armée devait voir Constantine ; elle comptait séjourner dans cette ville, où on lui promettait de réparer les fatigues qu'elle avait patiemment supportées pour en atteindre les murs. Le chef d'état-major marchait, accompagné de tous les délégués des corps administratifs, pour faire les logements; on était si persuadé d'entrer sans coup férir, que l'on négligeait de s'entourer de ce qui pouvait adoucir les peines de la route; sous quelques heures chacun se voyait sous un bon abri, ayant à sa disposition tout le *confortable* nécessaire pour oublier les misères passées et présentes; mais nous étions trompés.......

La compagnie franche de Bougie et l'infanterie légère d'Afrique quittèrent les premiers ce bivouac du 21, et se rendirent au passage de l'Acquemimin, aux chants de la *Marseillaise* et de la *Parisienne*. Le reste de l'armée les suivit bientôt; mais arrivés aux bords de ce ruisseau transformé en un torrent épouvantable, les troupes, déjà harassées, mouillées, furent encore obligées de traverser ces eaux courantes, en suivant un gué de 2 à 3 pieds de profondeur. L'artillerie et les bagages eurent des peines incroyables pour atteindre l'autre rive; plusieurs chevaux et mulets roulèrent entraînés dans les flots bourbeux où ils trouvèrent la mort. Enfin, après plusieurs heures, quelques corps purent se réunir pour marcher en avant : nous n'avions plus qu'une lieue et demie pour être à Constantine, et lorsque les nuages qui nous enveloppaient se dissipaient un peu, nous apercevions les tombeaux et les maisons de campagne situés à l'autre extrémité de la ville.

Après le passage de l'Acquemimin, on se croyait généralement près de *chez soi;* on avait encore la force de s'y rendre; mais beaucoup de soldats n'auraient pu supposer qu'ils résisteraient à de plus grandes privations, à de plus grandes misères que celles qu'ils avaient soufferte. Pourtant il était facile de prévoir quelque contre-temps fâcheux; car, s'il n'y avait point d'ennemis à combattre, nous ne voyions guère d'amis venir à nous : tout le pays semblait désert, et cette circonstance paraissait même contrarier beaucoup de personnes désireuses de voir un petit combat. L'armée continua sa route jusqu'à une portée de canon de Constantine, devisant sur l'abondance et les douceurs que créait son imagination abusée. Nos troupes, dans cette courte marche sur des prairies boueuses et mouillées, reçurent successivement de la pluie, de la grêle, de la neige même, et de temps à autre des rayons de soleil qui leur faisaient espérer vainement une température plus convenable à l'état désolant où les avait mis la nuit précédente. Comme nous l'avons dit, chacun allait au plus vite; pressé que l'on était d'entrer dans cette ville, où l'on nous assurait toujours que nous étions attendus avec impatience, par des habitants fatigués d'un joug inhumain. Quelques instants après, plusieurs personnes avaient jugé la valeur de ces paroles, et voyaient l'immense tâche qui restait à remplir!

Aussitôt que quelques Sphais de l'avant-garde parurent sur les hauteurs de Sta-Mansourah, ou plateau de la Victoire, qui domine tout Constantine, un boulet vint frapper à quelque distance de ces auxiliaires; un second projectile suivit de près le premier; mais, excepté le feu de ces batteries, qui protestaient contre les sympathies que nous avions la confiance d'éveiller, la ville, que nous embrassions dans tous ses détails du point élevé où nous planions sur elle, semblait déserte comme ses environs; tout était muet, silencieux, dans ces populeux quartiers, où plus tard nous vîmes se ruer un peuple excitant au combat les hommes décidés à défendre la ville maison par maison, et nous accablant, selon la coutume arabe, de ces méprisantes invectives que toute notre philantropie dorée ne corrige pas chez ceux-là même qui vivent des secours du peuple français.

Le chef d'état-major général, qui avait été chargé de faire les logements, arrivé un des premiers sur le plateau de Sta-Mansourah, se récria beaucoup sur ce qu'il appelait une rébellion de la part des habitants de Constantine, et envoya prévenir pour que l'artillerie de montagne vînt brûler cette ville qui nous refusait ses portes. Mais cette artillerie, trop peu redoutable pour des constructions du genre de celles que nous prétendions endommager, riposta sans avantage, et consomma inutilement des munitions qui eussent pu être mieux employées ; tel était encore l'aveuglement de certaines personnes, qui se figuraient qu'il suffisait d'un salut de quelques pièces d'artillerie, n'importe le calibre et l'effet de leurs projectiles, pour intimider jusqu'à la soumission le peu de soldats qu'on disait tenir la ville malgré la volonté de ses habitants.

La pluie, qui avait un instant cessé, recommença avec plus de violence : aussi les soldats, au fur et à mesure qu'ils arrivaient, se détachaient-ils de leurs corps pour s'enfouir dans quelques cabanes de chaume et dans un marabout, situés à l'entrée du plateau de Sta-Mansourah. Là, ils essayaient de rappeler à la vie leurs membres déjà engourdis par le froid de la mort ; mais ces abris tant enviés par d'autres ne servirent à beaucoup d'hommes qu'à les garantir de la pluie pendant les quelques heures qu'il leur restait à vivre ; leurs forces étaient épuisées, et rien ne pouvait plus les réparer, ni le feu de paille mouillée dont la fumée les étouffait, ni le quart de biscuit réservé par quelques-uns pour assouvir les horreurs d'une faim défaillante.

Pendant qu'une partie de l'avant-garde était arrêtée à considérer le panorama de Constantine et à revenir un peu de ses illusions, l'infanterie et les chasseurs à cheval d'Afrique, qui faisaient partie de cette brigade, commandée par M. le général de Rigny, traversaient encore une fois la rivière et prenaient possession, au pas de course, des hauteurs qui dominent la ville à l'est.

Cette portion de la première brigade gagna le terrain et les retranchements, où elle bivouaqua par la prestesse et l'intrépidité de ses attaques. Pendant ses manœuvres hardies, son artillerie de montagne et de campagne, en batterie sur Sta-Mansourah, répondait à celle de Constantine, dont le feu continua jusqu'à la nuit.

Cette nuit du 21 au 22 novembre fut horrible : elle marque, dans les épisodes de cette campagne, le second de nos désastres et la cause de ceux qui les ont suivis!... La pluie ne fut remplacée que par la neige qui couvrit la terre d'une épaisseur d'un pouce à deux : quantité de soldats, cédant à la faiblesse de leur corps, privés de nourriture et harassés de fatigue et de froid, couvrirent de leurs cadavres cette scène de désolation. Combien cette nuit fut longue, et quel spectacle offrit-elle !... Partout et de tous côtés des cris de mourants, des hommes en déshabillant d'autres avant qu'ils aient rendu le dernier soupir, pour ajouter leurs vêtements aux leurs; bientôt ces derniers, soumis à la même épreuve par de plus vigoureux ; puis, des membres raidis, des têtes jetées dans toutes les positions, des cadavres dans toutes les attitudes. Partout on voyait épars et abandonné ce matériel d'armée transporté avec tant de peine. Le réveil ne peut être dépeint, et ne saurait être compris que par ces quelques hommes qui échappèrent miraculeusement aux revers de 1812; car ces journées près de Constantine doivent trouver leur reproduction mnémonique dans la retraite de Russie. Pendant qu'on était à réfléchir sur les conséquences du siége qu'il fallait faire, de la démoralisation d'une partie de l'armée, des malades et des morts qui nous encombraient, une circonstance plus affreuse encore vint mettre le comble au découragement: le convoi de vivres venait d'être pillé par les Arabes, qui avaient massacré bon nombre de nos soldats.

L'armée, après ce funeste événement, n'avait plus de ressources; l'espèce de succès qu'avaient obtenu les Arabes sur la garde qui escortait le convoi ranimait la résistance des habitants de la ville, et engageait les gens du dehors à courir sur nos derrières avec plus d'acharnement: on ne tarda pas à s'apercevoir combien la perte de nos équipages avait porté de hardiesse dans leurs mouvements, et éveillé leur espoir de vaincre.

M. le maréchal Clauzel, habitué à décider dans les péripéties imprévues de la guerre, comprit promptement la nouvelle situation de son armée: il jugea qu'après le malheur qui venait de lui arriver, il ne restait plus qu'à effectuer une retraite habile, si toutefois une tentative d'assaut exécutée de nuit ne changeait entièrement la face des choses.

L'artillerie venait d'arriver à force de chevaux par des terres dans lesquelles les roues étaient entrées jusqu'aux moyeux. On la mit aussitôt en position; et, l'après-midi du 22, elle tonna contre les batteries de la ville, surtout contre une porte qui joint à l'ouest le rocher de Constantine à la montagne de

Sta-Mansourah. La battue en brèche de cette porte, par où nous voulions effectuer l'escalade, finit par démolir quelques parties de sa façade ; mais une seconde, que nous n'avions pas aperçue d'abord, s'offrit de nouveau en obstacle. La nuit du 22 au 23 devait être employée à miner sous cette porte, tandis que la brigade de Rigny faisait les mêmes préparatifs au nord de la ville. Les travaux du génie une fois terminés, l'escalade devait avoir lieu sur les deux points au signe d'une fusée à la congrève. Mais dans cette nuit, les troupes réunies pour l'attaque attendirent en vain jusqu'à minuit le signal de marcher en avant. Le chef du génie envoya prévenir à cette heure qu'il fallait remettre au lendemain la dernière tentative à laquelle notre sort semblait attaché, et quelques minutes après les détachements retournaient à leurs bivouacs, attristés de ces retards.

Le lendemain 23, dès le matin, le ciel, calme et débarrassé des brumes épaisses qui l'enveloppaient, parut vouloir cesser sa coalition contre nous ; à 10 heures, il était entièrement éclairci, et le soleil arrachait aux sombres grottes où s'était blottie une partie des troupes, les hommes défigurés par les misères de nos malheureux jours ; partout on les voyait exposer à l'ardeur de ce bienfaisant soleil leurs vêtements chargés d'eau et de boue. Chacun d'eux retrouvait de l'espoir et de la gaîté en contemplant la riche et grandiose nature qu'un voile humide avait jusque-là dérobé à nos regards ; dans l'ouest l'horizon était borné par les hautes montagnes qui bordent la côte de Bougie ; à l'est quelques monts encore, mais d'un aspect moins sauvage ; puis des échappées de plaines où le soleil reflétait les couleurs de l'arc-en-ciel. Oh ! assurément, jamais l'apparition de cet astre ne causa un aussi inopiné retour à d'heureuses pensées ; jamais il ne fut salué avec tant de joie !...

Ici nous anticiperons sur les évènements, pour dire combien il y eut de fatalité dans nos malheurs. Ce même soleil du 23 ne nous quitta plus pendant un mois environ, et une partie de l'hiver de 1836 à 37, fut un printemps sans nuages.

Dès le matin du 23, les Arabes, guidés par Hadji-Achmet, vinrent attaquer la division de Rigny, sur ses derrières; cette brigade tint en échec, une partie du jour, les nuées de tirailleurs qui cherchaient à la déborder, et plusieurs charges du 3e. chasseurs furent assez heureuses pour porter la confusion dans leurs rangs. Les autres divisions restèrent à considérer ces mouvements qui s'exécutaient devant elles, et l'artillerie de campagne lança seulement quelques fusées à la congrève au milieu des groupes qui venaient à sa portée. Une partie du 59e. de ligne, et deux pièces de montagne, furent aussi envoyées du plateau, pour contenir les Arabes qui essayaient de nous tourner par la route de Bone; mais toutes nos évolutions n'avaient pour but que de nous maintenir solidement dans nos positions jusqu'à la nuit, afin d'exécuter cette dernière tentative, sur laquelle désormais reposaient nos espérances.

La fusée de signal devait partir vers les dix heures du soir du plateau de Mansourah : les artilleurs étaient à leurs postes sur tous les points une heure avant, ainsi que l'infanterie légère d'Afrique et la compagnie franche désignée pour l'escalade. On attendait la fin des travaux du génie : rien dans ces dispositions ne semblait avoir troublé le repos des habitants; aussi le calme et le silence de la nuit n'étaient interrompus que par les *qui-vive* des gardes établies sur les fortifications de la ville, et par une voix que personne de ceux qui assistaient à la préparation de l'assaut nocturne que nous allions donner, ne

peut avoir oubliée, celle du Muezzin de la mosquée principale, qui
prévenait les habitants de se garder des chiens de chrétiens, et
les engageait à prier le Prophète pour leur extermination. Cette
voix sonore et lugubre couvrait de ses cris l'immense étendue
de Constantine, et arrivait encore assez forte pour être com-
prise sur le plateau de Mansourah. Quelques minutes plus tard,
les recommandations de l'homme chargé de marquer les heures
consacrées à la prière, devenaient des prédictions; car le signal
partait, et les matières enflammées de la première fusée à la
congrève éclairaient les sommités de la ville de leurs lueurs
blafardes. Un obus de 24 partit immédiatement de notre batterie de Mansourah, et toutes nos pièces et l'appareil des
fusées se mirent à jouer à la fois. L'attaque commençait aussi
sur les points d'escalade de la porte Kantara, ou du pont;
mais soit que les habitants, quelques instants avant si tran-
quilles, aient suivi les conseils du Muezzin; soit qu'ils aient
veillé calmes à nous attendre, il n'en est pas moins vrai que
nous les rencontrâmes aux passages que nous voulions traverser, et que leurs feux bien nourris nous empêchèrent de
parvenir à notre but. Une raison à laquelle le génie attribua
le peu d'effets de ses travaux, c'est qu'ils n'étaient point encore
terminés lorsque le cri *en avant* amena la compagnie franche sur
le pont. On dit encore que ces soldats, après avoir, dans leur
impatience, détruit involontairement les résultats que le génie
attendait de ses mines, se tiraillèrent mutuellement, sans le
savoir, et que de cette confusion, qu'avait fait naître l'impar-
donnable cri *en avant*, trop tôt prononcé, l'insuccès avait été
la suite.

Si la non-réussite de cette escalade ne dépendit que de
ces fausses dispositions, l'armée fut à même de comprendre

depuis combien cette attaque manquée lui a causé de travaux et de misères... Le combat continua sur ce point jusqu'à près de 3 heures du matin : on se tirait à bout portant, et le feu était si nourri de part et d'autre, qu'on ne voyait qu'une lumière de l'extrémité du pont aux premières maisons de la ville.

La brigade de Rigny, qui devait faire diversion en attaquant à l'autre extrémité de Constantine, ne commença son feu que lorsque celui de la porte Kantara fut bien décidé. On vit alors sur ces deux points le feu des assiégés se mêler à celui des assiégeants, et le canon tonna de temps à autre au milieu des masses qui cherchaient à s'atteindre. Cette attaque au nord n'eut pas plus de résultat que celle de l'ouest : on entendit les cris de joie des femmes de la ville, leur excitation à la défense, et cette voix du Muezzin de la grande mosquée, devenue sépulcrale, qui retentit de nouveau, calme et puissante, lorsque la fusillade eut cessé. L'artillerie de Constantine avait répondu à la nôtre ; toutefois nous pourrions assurer que cette artillerie avait été endommagée par nos boulets, ou n'avait plus de projectiles à nous lancer. Que n'avions-nous un peu plus de munitions ; celles qu'on avait laissées à Guelma, par exemple, et notre convoi de vivres !.. Il nous serait encore resté quelqu'espoir de faire rendre à discrétion cette ville, contre laquelle nos efforts se sont heurtés sans succès. (1). M. le général Trézel eut le cou traversé d'une balle en dirigeant l'attaque du pont de Kantara ; plusieurs officiers du génie y reçurent aussi de graves blessures ; quelques-uns furent tués sur la place, ainsi que bon nombre de soldats du génie et de l'infanterie. Le chef d'escadron Richepanse, volontaire

(1) Voyez note (b).

dans cette campagne, comme à toutes les expéditions en Afrique, fut blessé à mort dans l'attaque de la division de Rigny. L'armée perdit en lui un savant et un brave, qui joignait à ces qualités celles d'homme d'esprit et de cœur.

Après ces tentatives infructueuses de la nuit du 23 au 24 novembre, il ne restait plus à l'armée qu'à effectuer cette retraite qui paraissait impossible. Le bruit sourd qui succéda à la canonnade fut le signal du départ pour Bone. L'ordre, porté de bouche en bouche, attéra tout le monde : il fallait reprendre une route de 45 lieues à travers un pays montueux et difficile, traîner avec soi une quantité de malades qui pouvait égaler le tiers de l'armée, marcher au milieu d'ennemis qui allaient s'attacher à nos colonnes comme des loups affamés, et entendre pendant sept à huit jours leurs cris de sang.... Ce qu'il y avait de plus horrible, c'est que la famine, pâle et souffrante, était au milieu de nos rangs.

Les préparatifs de retraite furent un vrai désordre : on pouvait se demander si l'on partait tous ensemble, ou si dans ce retour chacun allait pour son propre compte. Combien de malheureux, endormis ou blessés, ignorèrent cette marche rétrograde; combien de soldats, fatigués de la nuit, ouvrirent leurs yeux pour rencontrer ceux de leurs bourreaux!.... On se retira autour du quartier-général, établi au marabout construit à l'entrée du plateau de Sta-Mansourah; on s'y pressa, et les Arabes envahirent tous les points que nous venions d'occuper, se ruant sur les hommes que le sommeil ou le manque de forces avaient retenus loin du lieu de réunion de l'armée, et se disputant les nombreuses dépouilles que nous leur abandonnions. Quelques soldats de la brigade de Rigny, oubliés à leur bivouac, et poursuivis par un nombre considé-

rable d'Arabes, montrèrent à l'armée, émue de leur terrible
agonie, que le plus beau courage ne peut rien contre la force
matérielle. Ces malheureux furent massacrés de l'autre côté
de la rivière, après avoir fait des efforts inouïs pour nous
rejoindre.

Les environs du marabout, où logeait l'état-major-général,
offraient le spectacle du désastre le plus complet: de distance
en distance gisaient des cadavres raidis par le froid de la nuit
du 21, et quantité d'objets à l'usage de toutes les armes; 
puis les restes de ces voitures d'artillerie et de transport
qu'on brisait pour n'en laisser que des débris informes à
l'ennemi qui allait les posséder. Jusque-là, la nécessité du
moment étouffait les regrets que l'on aurait pu donner à ce
matériel d'un remplacement si coûteux et qui nous avait donné
tant de peine à amener. Mais on laissa monter des blessés et
des fiévreux par-dessus le bord de plusieurs de ces immenses
voitures de transport, dont on avait préalablement jeté le
contenu, et ces voitures restèrent abandonnées, avec leurs
chargements, aux féroces ennemis qui nous harcelaient.....
Cet abandon inhumain avait-il été résolu avant que ces victimes fussent hissées sur les transports? Nous n'osons l'avancer,
et ne voudrions le croire. On a cherché à en rejeter la responsabilité sur le Maréchal, mais nous ne ferons qu'une seule
objection à cette pensée, qui ne saurait être résolue froide-
ment sans rendre son auteur odieux à l'humanité; M. le
Maréchal avait donné des ordres à un colonel de brûler
50,000 cartouches qui restaient sur le plateau, de ramasser
ou de détruire tout ce que nous étions forcés d'abandonner,
et ces 50,000 cartouches, comme nos blessés et beaucoup
d'autres choses, restèrent au pouvoir de l'ennemi. Les jours

suivants nous abandonnâmes encore quelques hommes qui
n'offraient plus de chances de guérison, afin de pouvoir sou-
lager ceux qui, avec plus de vie, seraient néanmoins tombés
sous la main de l'ennemi, sans l'aide des faibles transports qui
nous restaient. Le Maréchal et le Prince ignoraient assurément
ce calcul des moyens laissés aux ambulances avec les mori-
bonds qui les encombraient ; mais dans une retraite au milieu
d'un pays désert, sans route ni moyens d'existence, un chef
ne peut, de sa seule personne, satisfaire à toutes les nécessités qui surgissent, détourner tous les maux qui accablent
une armée, quelque peu nombreuse qu'elle soit, lorsqu'elle
est réduite aux extrémités de la faim, de la maladie, avec
cela obligée de combattre sans cesse, en se frayant promptement un chemin au milieu d'une foule innombrable d'ennemis.

Ces malheureux malades virent abréger leurs souffrances ;
beaucoup d'entre eux peut-être ne seraient point arrivés à
Bone. Mais que ces quelques minutes qui s'écoulèrent entre
la certitude que nous les abandonnions et leur mort ont dû être
cruelles ! Si, dans les supplications qu'ils nous adressaient,
lorsque nous les quittâmes, et qu'ils entendaient derrière eux
les hurlements de leurs bourreaux prêts à les atteindre, ils
ont mêlé quelques malédictions, oh ! certainement elles ne
furent pas sans effet ; le ciel a dû comprendre tout ce que nous
devions inspirer de haine à ces frères d'armes et de patrie,
qui avaient confié à notre sauve-garde le soin de leurs misères. Mais hâtons-nous de tirer un voile sur ces calamités
attachées à toutes les guerres.

L'armée laissa sur le plateau de Sta-Mansourah, deux
pièces de montagne, appartenant aux Spahis ; elle laissa aussi
50,000 cartouches en bon état, puis une partie du matériel

du génie, 1,000 outils neufs, les échelles et autres instruments destinés à l'escalade ; des caisses d'armes, dont deux
de fusils de remparts, le matériel de l'ambulance, la lithographie de l'armée, tous les objets de campement, tentes,
couvertures, etc.; une partie des transports des autorités, et,
tant en abandon sur le plateau, que dans le convoi pillé le 21,
l'armée perdit 25 prolonges ou voitures des équipages militaires.

Tel est le récit exact des préparatifs de ce mouvement
rétrograde ; nous avons pu oublier quelques faits du genre de
ceux qui sortent du tableau général d'une action semblable,
mais nous n'avons omis aucunes des circonstances atténuantes.
Il est certain qu'avec une armée plus tacticienne que les Arabes
de Constantine, ce mouvement de retraite aurait eu des suites
plus fâcheuses que celles que nous venons de décrire.

Enfin, l'armée se mit en route harcelée de toutes parts par
les nuées d'Arabes qui l'entouraient ; la retraite battait lente et
lugubre, et remplissait tous les cœurs de pénibles appréhen-
sions. C'était le glas funèbre de ce convoi, qui devait laisser des
marques de son passage sur toute la longueur de la route qu'il
avait à parcourir.

Une brigade ouvrit la marche ; d'autres troupes la flanquaient
avec des lignes de tirailleurs. Dans le premier mouvement, pour
abandonner l'emplacement du quartier général, le bataillon du
2me. léger qui était d'arrière garde, fut un instant enveloppé,
et serré de si près, que son commandant, M. Changarnier, n'eut
que le temps de faire former le carré pour arrêter la cavalerie
qui le débordait. Dans ce moment difficile, où les grandes âmes
révèlent leur puissance, M. Changarnier, pour exciter l'ardeur
de sa troupe, l'exhorta par des paroles qui vont au cœur

du soldat, et traversa, en les refoulant, ces ennemis, qui le croyaient prêt à se courber sous le fatal yatagan. Le commandant Changarnier et son bataillon s'étaient déjà fait remarquer dans cette expédition : ce dernier trait acheva de leur attirer les applaudissements de l'armée, tout en donnant à nos ennemis la mesure de ce qu'ils avaient à espérer en nous accompagnant.

Arrivés au bas du coteau qui conduit à Sta-Mansourah, nous retrouvâmes les prolonges du convoi pillé le 21, et les cadavres, nus et sans tête, des soldats qui étaient tombés sous le fer des Arabes. La route qui conduit à l'oued Acquemimin, ou le torrent que nous allions passer de nouveau, avait encore çà et là de ces corps que la fatigue, la fièvre ou la faim avaient retenus loin de nos colonnes pendant notre marche sur Constantine.

Ce jour, 24 novembre, l'armée fut continuellement entourée d'Arabes, et le bataillon du 2e. léger, que l'on se plait à citer, ce bataillon et les troupes de l'infanterie légère d'Afrique, commandés par le colonel Duvivier, protégèrent notre passage de l'oued Acquemimin, et notre route jusqu'à demi-lieue du torrent où nous allâmes établir notre premier bivouac.

Ces journées de retraite furent à peu près toujours les mêmes : tous les matins la même manœuvre pour ouvrir un passage au milieu de plus ou moins d'Arabes. Cependant la seconde a fourni un ordre du jour à M. le Maréchal, pour apprendre à l'armée l'inconvenance de propos tenus par un homme qu'on était loin d'en supposer capable. Puisque nous sommes obligés de distinguer particulièrement cette journée, qui n'eut de bien remarquable qu'une espèce d'abondance, rencontrée dans un Anchir ou ferme appartenant à l'Agha de Constantine, nous rappellerons avec gloire l'intrépidité du capitaine de chasseurs Maurice, qui le lendemain matin éloignait, à la tête d'une cinquantaine de cavaliers, les masses ennemies qui se pressaient sur l'arrière-garde.

L'armée s'arrêta pour contempler du haut des mamelons qu'elle gravissait, le brillant courage avec lequel furent poussés et taillés en pièces les nombreux Arabes qui la suivaient pour massacrer ses traînards.

A l'entrée de Ras-el-Akueba, les escadrons de Spahis firent aussi une charge sur quelques Kabyles qui voulaient nous disputer le passage de la montagne; ils en tuèrent une trentaine, et incendièrent ensuite les habitations de ces montagnards qui se rencontrèrent sur notre route; l'infanterie turque tiraillla encore avec eux dans les défilés boisés de l'Akueba, puis tout fut fini; l'ennemi nous avait quittés, et quoiqu'éloignés d'une quinzaine de lieues de Bone, nous commencions à trouver, sinon des auxiliaires, du moins des peuplades neutres, plus disposées à nous être utiles qu'à suivre l'exemple des Arabes qui venaient de terminer leurs longues agressions. Un scheik Kabyle vint à notre bivouac dans la montagne, nous proposer de simuler l'enlèvement d'un troupeau de bœufs, moyennant paiement, afin de pourvoir à la nourriture de l'armée; et bientôt les troupes ne songèrent qu'à réparer un peu les privations que le blé cru, ou cuit à l'eau, n'avait pu diminuer.

L'armée expéditionnaire rentra, après cinq jours de marche, au camp de Guelma, près le premier gué de la Seybouse. Elle croyait trouver dans ce poste, occupé par une garnison presque toute composée de malades, quelques vivres frais pour réparer ses forces; ce fut vainement: cette garnison ne vivait depuis plusieurs jours que de riz cuit à l'eau; elle était sans pain ni biscuit, et avait eu à soutenir les attaques de deux à trois mille Arabes venus pour l'enlever. Alors, chacun ne songea plus qu'à courir sur le camp Drahan, encore éloigné de 10 lieues environ; l'intendant en chef et quelques-uns de ses employés partirent les premiers afin de faire préparer des vivres pour le retour de l'armée, que l'on croyait à Constantine. Dans la nuit, plusieurs détachements poussés par la faim arrivèrent à ce camp, où les premières brigades parurent le lendemain dans la journée.

Cette expédition fut désastreuse : indépendamment du matériel abandonné, tous les effets militaires furent mis dans un état qui nécessita leur remplacement immédiat. Les contrôles portés à l'état-major par les différents corps de l'armée donnèrent le chiffre approximatif de 500 morts. Après cet aperçu, il resta celui des absents égarés, dont on ignora le sort : ce nouveau chiffre n'a pas été donné même approximativement; chacun savait cependant si l'on devait espérer d'en revoir un seul (1).

L'armée, il faut l'avouer, était composée en partie de convalescents sortis des hôpitaux d'Alger et d'Oran, peu propres à faire une campagne aussi pénible en privations de tout genre;

(1) Un rapport plus exact de nos pertes nous a été fait à Constantine par quelqu'un qui n'avait aucun intérêt à nous tromper. Le voici : 700 têtes et 200 paires d'oreilles avaient été apportées à Constantine. Ces trophées furent accrochés à la porte Bab-el-Djedid, et y restèrent jusqu'à leur naturelle dissolution. La populace était si exaltée, que quelques Musulmans et Français, retrouvés longtemps après notre départ, ne purent, malgré le désir du Bey, entrer en ville. Ils furent tous massacrés au milieu des gardes qui les accompagnaient; 25 prolonges ou caissons, 2 pièces d'artillerie, etc., firent partie du butin qu'on amena au bey Achmet.

mais le maréchal Clauzel ne pouvait reculer devant l'engagement qu'il avait pris d'entrer à Constantine, et s'il a été sous
la puissance de quelques erreurs mensongères et du mauvais
vouloir de ses ennemis politiques, il a prouvé dans la retraite,
que l'intempérie de la saison pouvait flétrir les lauriers dans
ses mains, mais jamais porter atteinte à l'énergie de son caractère.

FIN DE L'EXPÉDITION DE 1856.

# EXPÉDITION DE CONSTANTINE

## EN 1837.

— ◆ —

### Avant-Propos.

—

La retraite de novembre 1836 venait de jeter la France dans la consternation : le chef qui l'avait conduite avec tant d'habileté, épargné par les balles de l'ennemi, voyait se former un orage qu'il ne pouvait conjurer ; les passions, prêtes à profiter de tout ce qui est favorable à leur triomphe, excitèrent l'opinion défavorable au Maréchal, grossirent les désastres, et celui que l'armée saluait à Bone comme son sauveur, abreuvé de dégoûts, accablé d'injurieuses calomnies, recevait l'invitation de rentrer en France. Alger ne regretta point le maréchal Clauzel, le changement apportant toujours quelque variété dans l'existence ; les Français d'Afrique attendirent que le canon leur annonçât un nouveau gouverneur et quelques fêtes de réception.

Ce fut pendant le gouvernement du maréchal Clauzel que le général Bugeaud vint prendre le commandement des opérations dans la province d'Oran. Ce général, dont les instructions étaient indépendantes de celles du gouverneur de la régence, eut le bonheur de vaincre Abd-el-Kader au combat

de Traza au Sikak, le 6 juillet 1836, et le parti opposé aux
vues du Maréchal, en chantant ce succès pour lequel le ministère n'avait rien refusé, commença à placer M. Clauzel dans
l'alternative de déposer ses pouvoirs morcelés, ou de résister
de toute sa puissance aux coteries qui préparaient sa chute.

» Sed bono vinci satiùs est quàm malo more injuriam vincere. »
(SALLUSTE.)

Le Maréchal ne consulta, dans ces circonstances, que l'intérêt du pays auquel il s'était dévoué.

———

Enfin, après le départ de M. le maréchal Clauzel, le lieutenant-général Denis Damrémont, qui avait depuis longtemps
la succession de cette vice-royauté d'Afrique, nomination
occulte, dont le ministère avait déjà menacé M. Clauzel avant
l'expédition de novembre 1836, M. Damrémont vint prendre
les rênes de ce petit gouvernement.

Le général Bugeaud était revenu dans la province de ses
exploits; une armée formidable pour ces pays se rangeait sous
le commandement du vainqueur d'Abd-el-Kader, et les journaux retentissaient d'admiration pour son intelligence dans la
guerre qu'il allait entreprendre.

Tout en menaçant Abd-el-Kader dans les journaux de France,
le général Bugeaud avait des instructions à suivre, desquelles
il ne pouvait s'écarter sans de nouveaux ordres. Ainsi, tandis
qu'il achevait ses préparatifs d'entrée en campagne, et qu'il
lançait aux Arabes cette proclamation dont le style parut
mieux approprié à l'intelligence de ces peuples que celui de
ses prédécesseurs, des agents représentant les deux partis

prêts d'en venir aux mains, sillonnaient constamment la route
d'Oran au camp d'Abd-el-Kader. La France attendait chaque
jour le bulletin d'une première victoire, et le ministère recevait la hausse ou la baisse des conditions; enfin on apprit cette
entrevue dans laquelle le chef des Arabes, sous des apparences
de politesse et de franchise, chercha à recevoir le général en
chef de l'armée de l'ouest comme un homme qui lui devait
des déférences (1); plus tard, nous lûmes parmi les conditions
imposées à la France, l'abandon de Tlemcen, et la population de cette ville, qui avait tendu les bras si longtemps à la
garnison d'Oran, qui nous avait servi de rempart contre les
invasions arabes, livrée à la merci de son ennemi, puis l'é-
vacuation du camp de la Tafna, qui nous avait coûté tant
d'hommes et d'argent, et la remise de tout le territoire occupé
par les tribus sur lesquelles nous pouvions compter.

La puissance d'Abd-el-Kader ne se borna plus aux pays de
la province d'Oran; le traité lui concéda jusqu'aux portes
d'Alger, et, comme le dit l'auteur d'un article anonyme, « On
» a grandi un homme qui n'était qu'un pygmée, mais qui,
» comme Anthée, retrouve des forces nouvelles à chaque
» chute qu'il fait sur la terre : l'on a fait plus de dépenses
» pour obtenir un traité honteux, qu'il n'en eût fallu pour
» faire une guerre loyale et honorable, dont le succès était
» infaillible et le résultat la destruction d'un ennemi dan-
» gereux. » (2)

(1) Voyez note (c).

(2) Le traité n'est pas avantageux, car il rend l'émir plus puissant
qu'une victoire éclatante n'aurait pu le faire, et nous place dans cette
position précaire, sans garantie, resserrés dans de mauvaises limites. Il

Le traité du général Bugeaud a conduit aux lenteurs apportées à la seconde expédition sur Constantine. M. le général Damrémont avait pour l'est de nos possessions les mêmes instructions que M. Bugeaud pour l'ouest : déploiement de forces, préparatifs de guerre poussés avec activité; mais, derrière tout cela, recommandation, ordre exprès de traiter jusqu'au dernier moment. M. Damrémont se conforma à toutes les exigences du Gouvernement; et quand il quitta le camp de Mdjez-el-Ammarr, il espérait encore voir arriver à sa rencontre, soit en route, soit devant Constantine, quelques envoyés d'Achmet, chargés de terminer paisiblement cette campagne, entreprise à si grands frais.

M. Foltz, capitaine d'état-major, et M. Rousseau, interprète, furent les premiers que M. Damrémont employa aux négociations avec Hadji-Achmet. Ces deux personnages partirent pour Tunis sur un bateau de la correspondance, et au bout de trois mois ils ramenèrent pour résultat de leurs travaux un nommé Bajo, juif de Constantine, s'offrant de faire quelques ouvertures au bey Achmet; mais dans l'intervalle du départ au retour du capitaine Foltz, le Gouverneur, pressé d'arriver à une conclusion, expédia pour Tunis le nommé Bousnac, autre juif originaire de la régence, chevalier de la Légion d'honneur on ne sait trop pourquoi.

n'est pas honorable, car notre droit de souveraineté ne repose sur rien, et nous abandonnons nos alliés. Il n'était pas nécessaire, car il ne dépendait que de nous de nous établir solidement dans la Mitidja et autour d'Oran, et de nous y rendre inattaquables en réservant l'avenir.

( *Observations sur la convention conclue le 30 mai entre le général Bugeaud et Abd-el-Kader, adressées à M. le Président du conseil et au Ministre de la guerre, par le lieutenant-général Denis de Damrémont.* )

Bousnac fit plusieurs voyages au camp du Bey, et finit par ne rien terminer. C'est alors que M. de Damrémont, voyant s'évanouir les espérances fondées sur ses envoyés, et voulant tenter tout ce qui était en son pouvoir pour remplir les instructions du ministère, partit pour Bone, et appela à son arrivée au camp de Mdjez-el-Ammarr, Mustapha-Ben-Kérim, l'homme le moins digne de confiance des indigènes et autres habitants de cette partie de l'Algérie.

Mustapha, *chevalier de la Légion d'honneur*, après avoir abusé de la confiance de M. le général d'Uzer, de façon à le compromettre, se ménagea une des premières places au conseil du général Damrémont, en se présentant comme victime du Maréchal et du Bey Jusuf; recommandé par son ancien chef, qui se refusa toujours à voir en lui un homme d'une immoralité dégoûtante, et un intrigant peu soucieux des moyens à employer pour se procurer de l'or, Mustapha se vit ainsi remis à la tête de la diplomatie arabe dans la province de Constantine; un ou deux Français s'associèrent à l'adroit Musulman, qu'ils avaient déjà vu à l'œuvre dans des circonstances moins favorables que celles qui se présentaient pour satisfaire leur cupidité; ces hommes circonvinrent le gouverneur Damrémont, et celui-ci, ou plutôt son chef d'état-major, se berçant de leurs mensonges, laissa perdre un temps précieux à l'armée réunie et inactive dans les camps.

Enfin, les promesses, les cadeaux étalés à Mdjez-el-Ammarr, puis tout le formidable parc d'artillerie que visitent les envoyés d'Achmet, n'excitent ni leur envie ni leur crainte; ils retournent près de leur maître, et la guerre est imminente.

## Préparatifs. — Départ de Bone et des Camps.

Ce fut le 9 août 1837 que M. de Damrémont se mit en route pour Mdjez-el-Ammarr, camp retranché où l'on dirigeait les troupes expéditionnaires au fur à mesure de leur débarquement sur la plage de Bone : et pendant près de deux mois, tout occupé de la paix, il chercha vainement à nouer des relations avec Achmet bey, par l'intermédiaire des agents de ce souverain.

La moralité douteuse du maure Mustapha-Ben-Kérim et de ses acolytes, parvenus à entourer le général de Damrémont, n'arrêta pas un instant la direction de ses travaux, et ses conseillers, aveuglés par une confiance que leurs antécédents les mettaient loin d'espérer, firent subir aux négociations dont ils avaient la direction, toutes les phases de leur sordide cupidité. Pourtant, de temps à autre, des courriers expédiés à Bone, annoncent que la paix est presque conclue entre M. le général Damrémont et le bey Achmet ; des paris s'établissent pour et contre cette question. Les Arabes, tous intéressés à cette grande intrigue, conduite par de si pauvres ressorts, assurent que rien n'est possible avec de tels diplomates : leurs prédictions se réalisent. Achmet bey, fatigué des demandes de Mustapha et autres, rompt entièrement toutes les négociations, et les chances de paix disparaissent devant les préparatifs de guerre.

La route de Bone à Mdjez-el-Ammarr se couvre d'immenses convois ; chaque jour des troupes nouvellement débarquées rejoignent le centre des opérations militaires de cette campagne. Près de six cents voitures d'artillerie et du train des équipages se réunissent dans ce lieu, où plus de trois mille chevaux et mulets attendent au piquet du bivouac la charge qu'ils doivent porter à Constantine.

C'est dans ces circonstances que le 12e. régiment de ligne vient apporter le choléra en Afrique (1): ce régiment, que Toulon refuse de recevoir dans ses murs, part de Marseille et arrive se mêler à l'armée qui reste à Bone.

Mgr. le duc de Nemours entra dans cette ville le 14 septembre, et M. de Damrémont, qui vint à sa rencontre, détermina ainsi la composition de l'armée expéditionnaire, dans un ordre du jour daté du 23 du même mois.

### Composition de l'Armée.

#### ÉTAT-MAJOR GÉNÉRAL.

Le lieutenant-général comte DE DAMRÉMONT, gouverneur général, commandant en chef.

Le maréchal-de-camp Perregaux, chef d'état-major général.

Le chef d'escadron Despinois, faisant fonctions de sous-chef d'état-major général.

Le capitaine St.-Hypolite, chargé du service topographique.

Le lieutenant-colonel de Beaufort, du 47e. de ligne, commandant le quartier-général et vaguemestre général.

Le capitaine Clavel, commandant le train des équipages, adjoint au vaguemestre général.

Le lieutenant de gendarmerie de Brocqueville, faisant fonctions de prévôt.

#### ÉTAT-MAJOR D'ARTILLERIE.

Le lieutenant-général Valée, commandant en chef l'artillerie.

Le maréchal-de-camp de Caraman, commandant en second.

Le colonel de Tournemine, chef d'état-major.

Le chef d'escadron Gélibert, directeur du parc.

(1) Le choléra avait déjà ravagé Alger, Oran et Bone en 1834 et 1835. Il avait été apporté d'Espagne. Cette seconde fois il ne frappa que sur l'armée d'expédition, et disparut à la fin de la campagne de Constantine.

### ÉTAT-MAJOR DU GÉNIE.

Le lieutenant-général Fleury, commandant en chef.

Le maréchal-de-camp Lamy, commandant en second.

Le colonel Guillemin, chef d'état-major.

Le chef de bataillon de Villeneuve, directeur du parc.

### ADMINISTRATION.

MM. D'Arnaud, sous-intendant, faisant fonctions d'intendant.

Lyautey, sous-intendant militaire de 2e. classe.

Rothé, sous-intendant adjoint.

De Bellot, payeur, directeur des postes.

Guyon, chirurgien principal.

### AMBULANCES.

#### *Quartier-Général.*

MM. Baudin, médecin ordinaire.

Hutin, chirurgien-major.

1re. et 2e. brigades. Baudens, chirurgien-major.

3e. et 4e.  *id.*  Sédillot, *id.*

Duponchel, officier comptable, directeur des ambulances.

Laperlier, agent comptable des vivres.

### TROUPES.

#### 1re. *Brigade.* S. A. R. le duc de Nemours.

Zouaves, 1er. bataillon. ⎫
2e. Léger,  id. ⎬ Lieutenant-colonel Lamoricière.
 ⎭

17e. Léger, 2 bataillons.

2 Escadrons spahis réguliers.

6 Escadrons du 3e. régiment de chasseurs.

2 Obusiers de montagne.

2 Pièces de campagne.

#### 2e. *Brigade.* Maréchal-de-camp Trézel.

Spahis réguliers. ⎫
Détachement du bataillon turc. ⎪ Colonel
Compagnie franche du bataillon d'Afrique. ⎱ Command^t ⎬ Duvivier.
Tirailleurs d'Afrique, demi-bataillon. ⎰ Paté. ⎭

11ᵉ. Régiment de ligne, 1 bataillon.

23ᵉ. *id.* *id.* 2 bataillons. } Colonel Bernelle.

2 Obusiers de montagne.

2 Pièces de campagne.

### 3ᵉ. *Brigade*. Maréchal-de-camp Rulhières.

3ᵉ. Bataillon léger d'Afrique.

12ᵉ. Régiment de ligne, 2 bataillons.

Légion étrangère, 1 bataillon.

2 Escadrons de spahis réguliers.

2 Du 1ᵉʳ. régiment de chasseurs.

4 Obusiers de montagne.

### 4ᵉ. *Brigade*. Maréchal-de-camp Bro, remplacé par le colonel Combe, du 47ᵉ. de ligne.

26ᵉ. Régiment de ligne, 2 bataillons.

47ᵉ. *id.* *id.*, 2 bataillons.

2 Obusiers de montagne.

2 Pièces de campagne.

#### ARTILLERIE.

### *Batteries de campagne.*

4ᵉ. Batterie du 4ᵉ. régiment.

4ᵉ. *id.* de montagne.

3ᵉ. *id.* du 13ᵉ. régiment.

### *Batteries de siége.*

De 24, 4ᵉ. Batterie du 14ᵉ. régiment.

De 16, 8ᵉ. Batterie du 9ᵉ. *id.*

Mortiers parcs, 3ᵉ. et 4ᵉ. batteries du 10ᵉ. régiment.

Un détachement de pontonniers.

*Id.* d'ouvriers.

Train des parcs, 3ᵉ. compagnie du 2ᵉ. escadron.

*Id.* 3ᵉ. *id.* du 3ᵉ. *id.*

## GÉNIE.

1<sup>er</sup>. Régiment, mineurs.

1<sup>er</sup>. Bataillon. $\begin{cases} 4^e. \text{ compagnie de sapeurs.} \\ 5^e. \quad id. \qquad id. \end{cases}$

1<sup>er</sup>. Bataillon, 6<sup>e</sup>. compagnie de sapeurs.

2<sup>e</sup>. Bataillon, 7<sup>e</sup>. id. id.

2<sup>e</sup>. Régiment, mineurs.

1<sup>er</sup>. Bataillon. $\begin{cases} 1^{re}. \text{ compagnie de sapeurs.} \\ 2^e. \quad id. \qquad id. \end{cases}$

3<sup>e</sup>. Régiment, sapeurs-conducteurs.

1<sup>er</sup>. Bataillon. $\begin{cases} 5^e. \text{ compagnie de sapeurs.} \\ 6^e. \quad id. \qquad id. \end{cases}$

Sapeurs-conducteurs.

Détachement d'ouvriers du génie.

## TRAIN DES ÉQUIPAGES.

4<sup>e</sup>., 7<sup>e</sup>., 8<sup>e</sup>. et 9<sup>e</sup>. compagnies.

Détachement de mulets de traits.

3<sup>e</sup>. Compagnie des ouvriers du train.

## OUVRIERS D'ADMINISTRATION.

5<sup>e</sup>. Compagnie.

## Expédition et prise de Constantine en 1837.

L'armée avait pour effectif environ onze mille hommes, dont sept mille cinq cents combattants. Des officiers de tous les corps de France étaient venus grossir les états-majors comme officiers d'ordonnance; des militaires de toutes les nations d'Europe avaient sollicité et obtenu la faveur de suivre cette expédition. Dans leur nombre était sir Grenville-Temple, colonel anglais, auteur de voyages en Afrique et sur la Méditerranée; le capitaine de vaisseau danois de Falbe, savant distingué, muni d'instruments pour faire des observations astronomiques et géodésiques sur ces pays; l'aide-de-camp du prince royal de Prusse; le fils de Rapp, officier bavarois; Bernhardt, officier saxon; des Autrichiens, des Prussiens, dont nous ignorons les noms. Enfin, pour imiter l'expédition d'Egypte, une commission scientifique, composée de naturalistes, de littérateurs, d'archéologues amateurs, accompagnait l'armée en marche sur Constantine. Cette commission était sous la présidence de M. Berbrugger, ancien élève de l'école des chartes, bibliothécaire de la ville d'Alger, aujourd'hui chevalier de la Légion d'honneur et correspondant de l'institut de France.

Le 28 septembre, l'intendant militaire et les officiers de santé en chef bivouaquèrent à Hamman-Berda, en même temps que le dernier grand convoi de l'administration et de l'artillerie. Hamman-Berda est situé à deux lieues de poste de Guelma, sur la route de Bone à ce camp retranché. On a construit dans ce terrain un petit fort pentagone en pierres sèches, avec deux tours carrées placées aux saillants ouest et est , pour en flanquer les faces. Ce fortin peut être défendu par une compagnie d'infanterie : à côté de ces petits réduits en terre et en mauvaise maçonnerie, que les Français élèvent sur les points de l'Afrique qu'ils parcourent, le voyageur remarque les ruines formidables des postes fortifiés des Romains, dont les débris monstres étonnent son imagination. Le vandalisme de tous les siècles barbares a passé sur les gigantesques monuments du plus grand des peuples, et ni lui, ni l'intempérie des saisons, n'ont pu effacer les travaux de cette nation de géants. S'il nous était donné de revoir ces contrées au bout d'un siècle d'absence et d'abandon par la France, nous ne savons où nous pourrions rencontrer vestige de notre séjour sur cette terre antique.

A Hammam-Berda, on voit encore un bassin construit par les Romains : il forme un demi-cercle de six mètres de long sur trois de large ; l'eau (1) en est chaude, un thermomètre centigrade, plongé dans le bain pendant une demi-heure, a donné 30 grades. L'expérience en a été faite par M. de Falbe.

On ne saurait faire une description trop enchanteresse de ces bains délicieux : la vigne sauvage se balance en festons autour des oliviers et des figuiers qui l'abritent; elle offre au baigneur ses grappes vermeilles (2), mais bien des années s'écouleront encore avant que les Français fassent quelque sacrifice à la naïade de ce lieu; longtemps encore la nymphe d'Hammam-Berda ne caressera que quelque pâtre kabyle, ou

_____

(1) Ces eaux ne laissent aucun dépôt ; elles sont douces au toucher et au goût.

(2) Un bataillon, qui a passé une nuit près de ce bain, a détruit tous ces ombrages.

4

le cavalier arabe à la figure mâle, qui viendra troubler la pureté de ses eaux, en lavant les sanglantes souillures de ses vêtements.

Le 29, le grand convoi arriva à Mdjez-el-Ammarr. Le corps des Spahis, commandé par M. de Mirbeck, parti la veille de Bone, rejoignit les équipages un peu avant d'entrer au camp. Ces troupes rencontrèrent encore dans les bois que traverse la Seybouse, le duc de Nemours et le Gouverneur, qui allaient en voiture à Guelma. La tête du grand convoi entra à Mdjez-el-Ammarr vers l'heure de midi, et à quatre heures du soir ses dernières voitures arrivaient à peine dans l'enceinte qui leur était réservée.

Le camp de Mdjez-el-Ammarr, est à environ cinq lieues d'Hammam-Berda, et à deux de Guelma. Sa situation pittoresque est magnifique, et le grandiose des lignes du Poussin s'offre partout à la vue, dans cette vallée admirable. Le camp est posé sur les rives escarpées de la Seybouse, au confluent de l'Oued-Cherf et de cette rivière; l'eau et le bois abondent dans tous ses environs, mais, entouré de tous côtés de montagnes à portée de canon, il ne serait pas tenable devant des troupes européennes.

Le 29 septembre, il parut un ordre du jour qui nommait le chef de bataillon Varnier, du corps des Zouaves, commandant du camp de Mdjez-el-Ammarr, pendant l'absence de l'armée; le capitaine Bartoli, des tirailleurs d'Afrique, commandant du camp de Guelma, et chargeait M. le colonel Bernelle de réunir à Mdjez-el-Ammarr les troupes qui devaient, en cas de besoin, rejoindre l'armée expéditionnaire.

Le lendemain 30, un autre ordre du jour fixa le départ de la première et de la seconde brigades pour le 1er. octobre au matin. Ces brigades, partant à une heure d'intervalle, emmenaient leurs bagages particuliers et leur artillerie, pour se rejoindre ensuite au sommet du Ras-el-Akueba (1). Cette journée du 30 fut encore remarquable par un conseil de guerre, dans lequel la chaleur des discussions et leur peu d'harmonie jeta nos généraux dans une perplexité visible. L'Afrique est un gouffre de réputations de tout genre. Dans ces pays éloignés de l'œil scrutateur des opinions, le mérite modeste est souvent méconnu, et les nouveaux arrivants sont aussi nuisibles à la colonie, que la colonie l'est souvent à leurs gloires passées.

Un nouveau conseil s'assembla dans ce jour chez M<sup>gr.</sup> le duc de Nemours, et chacun exposa les embarras de sa position : la question générale, la question politique, fut remplacée par celle de chaque commandant de brigade ou de corps devant agir dans la campagne ; les discussions s'engagent de nouveau, sans conduire à une fixité de direction, lorsqu'à la reprise de la séance du conseil, interrompue un instant, on introduit une figure encapuchonnée d'un bernous, qui déclare que les habitants de l'Oued-Zenati, Douairs du bey Achmet, supplient qu'on épargne leurs propriétés. Deux jours plus tard, nous reconnaissons tous les ressorts de cette comédie, l'œuvre de la diplomatie entourant le brave Gouverneur général. Les soi-disant suppliants, brûlèrent à notre passage toutes leurs récoltes, crainte que nous n'en profitassions, et les Spahis envoyés à la découverte, reçurent de ces mêmes Arabes les premiers coups de fusil tirés dans cette guerre. Toutefois, cette apparence de

---

(1) Nous sommes obligés de faire un pléonasme dans cette phrase, pour l'intelligence des personnes qui ne connaissent pas la valeur des mots arabes.

soumission produisit son effet parmi les chefs, auxquels la ruse de certains faiseurs était encore inconnue ; les généraux Valée et Fleury, pleins de confiance dans les dispositions de l'ennemi, consentirent à réduire un peu leur matériel, et les difficultés premières se trouvèrent aplanies.

Enfin le 1er. octobre, au jour, la diane retentit plus sonore partout le camp : les troupes lèvent successivement leurs bagages, et à sept heures, la première brigade, commandée par Mgr. le duc de Nemours, traverse les massifs de thyms et de bruyères, pour passer le pont jeté sur la Seybouse ; les tambours battent, les musiques jouent, la gaîté du soldat est au comble; bientôt ceux qui restent à la garde de Mdjez-el-Ammarr, tristes de ne pouvoir suivre leurs camarades, envoient des hauteurs un dernier adieu aux partants, et les brigades s'éloignent en serpentant sur la route de l'Akueba.

La seconde brigade suivit de près la première; les troupes ainsi que le grand parc d'artillerie franchissent et surmontent les difficultés de Ras-el-Akueba : la première brigade arrive au sommet à midi, et la deuxième à quatre heures du soir.

En montant à Ras-el-Akueba, on aperçoit à gauche, sur un mamelon à mi-côte, les ruines d'ANNOUNA, ancien *præsidium* romain, destiné à protéger la voie qui passe au-dessous. Announa offre des ruines remarquables; on y trouve des arcades bien conservées, des pans de murailles en pierres de taille, dont les angles sont aussi vifs que s'ils sortaient de dessous le ciseau; à l'exception de l'inscription suivante,

CATVILINVSFA
IT DEMO DEDICAVIT

surmontant un des arcs de triomphe existant encore à Announa.

toutes les autres, comme à Guelma et autres lieux, ne sont que des inscriptions funéraires. Il paraîtrait que les Romains en Afrique ont plus tenu à éterniser la mémoire de gens obscurs, qu'à faire connaître aux nations à venir les phases de leur histoire en ces pays, et que l'orgueil et la sotte vanité des hommes est de tous les âges, de toutes les époques.

Arrivé sur le sommet de Ras-el-Akueba, on lut une proclamation du général en chef, qui apprenait à l'armée que l'expédition allait commencer. La route de Drahan au sommet de l'Akueba, l'établissement du camp de Mdjez-el-Ammar, l'avait suffisamment annoncé; mais dans cette pièce officielle on rappelait à l'armée qu'elle devait se rendre digne du Prince qu'elle possédait.

La pluie commença de tomber aussitôt l'arrivée des troupes sur le Ras-el-Akueba; jusque-là le temps le plus magnifique avait secondé toutes les opérations; ce changement subit retarda un peu la marche des gros équipages, et le conseil suprême de l'armée décida que l'on rétrograderait s'il continuait à pleuvoir.

Cette journée du Ras-el-Akueba se passa sans qu'on aperçût un seul ennemi. On reconnut aisément que les Arabes, en abandonnant ces défilés, reprenaient leur système de guerre de la dernière expédition; seulement le bruit courut que le bey Achmet avait lancé une proclamation parmi ces peuples, dont voici les passages les plus saillants :

« Le roi de France et moi devions conclure la paix; mais
» les conditions qu'on nous impose sont trop ignominieuses;
» on veut laisser une garnison à Constantine de 6,000 hommes,
» bâtir un fort au Somba, et pour comble, les infidèles exigent
» 300 jeunes filles pour servir à leurs plaisirs. Si vous acceptez

» ces conditions, je n'ai qu'à vous quitter ; sinon, nous nous
» ensevelirons dans nos murs. »

Cette proclamation ne peut avoir été imaginée que par
quelqu'un des nôtres. Elle avait son but ; car, quels moyens
ont les Arabes pour donner de la publicité à un écrit, et
comment se fait-il que précisément une de ces pièces nous
tomba entre les mains sans avoir rencontré d'Arabes ennemis
ou amis, nous qui recevons à peine quelques renseignements,
la plupart faux, quoique payés fort cher.

Le scheick des Kabyles de Ras-el-Akueba, vint visiter au
bivouac, sur cette montagne, le kalife Soliman, seul digni-
taire musulman que nous eussions avec nous : ce scheick offrit
de nous apporter toutes les provisions de campagne que nous
pouvions désirer ; mais la nécessité de marcher promptement
au but de notre entreprise ne permit pas d'attendre l'exécution de ses offres. Cet homme annonça que l'armée d'Achmet
avait décampé devant nous, et que la veille au soir les derniers cavaliers avaient repris la route de Constantine. Les rapports des personnes marchant à l'extrême avant-garde confir-
mèrent ces renseignements, en remarquant les empreintes
récentes de grand nombre de sabots de mules et de chevaux
allant dans la direction de cette ville.

Le ciel ayant repris son azur d'été, et le soleil étant plus
brillant que jamais le 2 octobre au matin, les deux premières brigades quittèrent le Ras-el-Akueba, et allèrent
camper près du marabout ruiné de Ben Tam-Tam : aucun
ennemi ne se présenta encore pendant cette route ; aucun être
vivant ne nous apparut sur les mamelons les plus éloignés ;
seulement, à quelque distance du chemin tracé, l'armée vit un
cheval ayant l'épaule enlevée d'un éclat d'obus, et se traînant

péniblement depuis la reconnaissance du Gouverneur général.

Les équipages traversèrent à l'aide de coups de pioche les passages difficiles, et pendant tout le reste de la route, parcourue sans aucune déviation, sans obstacle, les 3e. et 4e. brigades, commandées par le général Rulhières et le colonel Combe, suivirent les deux premières à une journée de distance.

Arrivé à Ben Tam-Tam, on découvrit, dans les ruine du Marabout, deux vieillards gardiens de ce tombeau saccagé l'année dernière: comme ils étaient armés, on les mit en arrestation, et on les força de nous accompagner jusqu'à Constantine.

Le bivouac de Ben Tam-Tam venait d'être établi, plusieurs Arabes garnissaient les hauteurs du Zénati, pour observer notre armée. Ces Arabes ne pouvaient appartenir qu'aux Douairs qui étaient censés nous avoir expédié cet envoyé au camp de Mdjez-el-Ammarr, au moment du dernier conseil, puisqu'ils étaient sur le territoire de ces tribus; c'est un peu dans cette confiance de rencontrer des amis, et pour essayer de faire quelques provisions de paille et d'orge, que le Gouverneur général donna ordre au commandant des Spahis de pousser une reconnaissance sur la crête de ces montagnes. A son approche, M. le commandant de Mirbeck fut reçu par une assez vive fusillade d'hommes embusqués, mais bientôt tous les agresseurs fuirent devant nos Spahis, qui cherchèrent pendant près d'une lieue les silos d'orge et de paille, et les amis annoncés par le prétendu envoyé, sans rien ramener de leur mission que des chevaux fatigués. Les premiers coups de fusil étaient partis; le prisme au travers duquel le Gouverneur avait envi-

sagé sa position venait d'être brisé, et son entourage pré-
voyant les embarras de l'avenir, se mit l'esprit à la torture pour
imaginer de nouvelles ressources.

C'est à Ben Tam-Tam que la société semi-arabe de l'état-
major général, ignorant le pays qu'elle parcourait, et ne pouvant cependant rester en arrière aux questions que M. le Général en chef pouvait lui adresser, fit donner un ordre au commandant des Spahis de détacher près du Gouverneur, le kalifa
Hadji-Soliman. Cette nouvelle, que toutes les personnes intéressées à nos succès apprirent avec satisfaction, ne devait point
avoir les suites qu'elles en espéraient; les circonvenants du
général Damrémont ne voulaient que mettre à profit les connaissances et le crédit de cette homme important, et le tenir
sous la main, afin qu'il ne pût faire tort à leurs projets ulté-
rieurs.

Le 3 octobre, la marche de l'armée se continua en remon-
tant l'Oued-Zénati. Cette rivière contenait dans toute son étendue une quantité d'eau plus que suffisante aux besoins des
troupes et des nombreux chevaux et mulets que nous menions
après nous; l'armée bivouaqua dans cette journée sur les lieux
qui fournirent, en 1836, le sujet de la mise en accusation de
M. le général de Rigny. Les squelettes de quelques Français
et les monuments funéraires des Arabes rappelèrent aux personnes ayant fait partie de la première expédition, les souvenirs de la pénible et belle retraite du maréchal Clauzel. Les
Arabes amassent des pierres dans les lieux où les leurs ont fini
leur existence, et chaque passant est tenu d'y apporter la
sienne en offrande. De petites pyramides s'élèvent au bout
de quelque temps dans ces emplacements. Le voyageur les
distingue au loin, et ce souvenir de la mort est souvent le

seul qui, dans de longues journées de marche, lui retrace l'existence de ses semblables.

Les plaines que nous traversions s'appellent Retzba-ben-Aoun, d'un grand Douair qui s'y trouve; à partir de ce lieu on entre dans le bassin du Rummel: à l'est paraissent les collines Méhéris, et à l'ouest ainsi qu'au nord, les monts Bou-Ghareb.

Le 4 octobre, à l'heure accoutumée, l'armée quitta le bivouac de Retzba-ben-Aoun, et après une heure de marche, elle aperçut la tête des colonnes d'arrière-garde, qui débouchait de la vallée de l'Oued-Zénati, et se disposait à occuper l'emplacement qu'elle abandonnait. Dès la veille, nous vîmes les meules de paille et les Douairs environnant notre route consumés par l'incendie. Le Général en chef, inquiété de cette destruction des ressources sur lesquelles il comptait, reçut pour atténuer l'effet de ces contradictions patentes, des protestations contre ce qui lui semblait assuré, l'avis que plusieurs tribus nombreuses avaient abandonné Achmet bey; et l'imagination française, toujours prompte à se saisir des histoires les moins fondées, pour en étayer ses illusions, ne tarda pas à juger la valeur de ces nouvelles dénuées de toute vérité.

Plus nous avançâmes, et plus nous vîmes l'incendie se propager; aussi l'armée continua-t-elle plus tard sa marche triste et silencieuse, et les échos ne retentirent plus du bruissement de la joie.

Le soir, les premières divisions arrivèrent dans une vallée appelée Méhéris, et campèrent au bord du ruisseau de ce nom, dans une partie de plaine appelée Kenec-Zenate. Ici l'inflexible carré des évolutions de ligne vint offrir sa forme au camp, malgré la conformation du terrain; les mamelons voisins furent laissés

sans troupes; aussi des Arabes que nous n'avions point aperçus dans le jour rôdèrent-ils toute la nuit, tirant de temps
à autre des coups de fusil sur les feux de nos postes avancés,
qu'ils dominaient de position : un carabinier du 17me. léger eut
la jambe cassée par un de leurs coups ; ce blessé ne fut pas le
seul que nous ayons eu dans cette position de Kenec-Zenate :
la veille, un peloton de chasseurs à cheval ayant été détaché
pour aller éteindre des meules de paille, eut un engagement
dans lequel il perdit un homme et ramena deux blessés. Le
commandant de cette cavalerie rapporta que l'ennemi avait
laissé sept à huit des siens sur le lieu du combat.

Dans la journée du 4 octobre, nous vîmes quelque chose
d'assez plaisant, et qui donne bien la mesure de certaines ca-
pacités. Le génie, dans son empressement à remuer la terre,
ayant jugé impraticable un défilé que nous entendîmes nommer
défilé des Zénetes, se met à ouvrir une nouvelle route qui le
conduit à un obstacle insurmontable : l'artillerie arrive sur ces
entrefaites, et franchit sans difficultés le passage dédaigné
par le génie.

Le 5 octobre, par un soleil éclatant, nous passâmes le
Somha. L'état major général s'arrêta une heure environ autour
du monument gigantesque qui couronne ce mamelon, d'où
l'on commence à découvrir Constantine : bientôt les lunettes
sont braquées sur l'étendue immense qui se développe autour
de cette élévation du sol ; le calme qui règne encore dans ce
dernier terrain à parcourir pour être à Constantine oppresse
bien des cœurs. Enfin, le kalifa Soliman, apercevant un rassemblement ennemi, montre au Gouverneur général le camp
d'Hadji-Achmet, et fait distinguer jusqu'à la tente de ce chef
que nous allons combattre. Tout le monde s'arrête alors sur

ce point de vue, et cette certitude des combats, qui ranime et cause des impressions si extraordinaires, succède à la crainte de ne voir que solitudes, ruines et incendies.

Les colonnes défilèrent successivement devant l'état-major général pour prendre place suivant leur ordre de bataille, en avant du monument. Si dans cette halte, où toutes les beautés du ciel d'Afrique étaient resplendissantes, l'ombre du génie romain qui présida à la construction du monument du Somha avait pu, dominant les ruines de sa grandeur, entendre le bruit de nos machines de guerre, qu'aurait-il dit de ces Gaulois allant à la conquête de Cirta, et chassant devant eux les descendants des soldats de Massinisse ?

Après une heure de repos, l'armée s'ébranla de nouveau pour passer l'Acquemimin. Ce torrent (1) qui l'année dernière offrit tant de difficultés à l'infanterie et aux bagages, n'était plus qu'un tranquille ruisseau où le soldat mouillait à peine la semelle de ses souliers : des cavaliers arabes, couverts de chapeaux en plumes d'autruche, se lancèrent avec leurs troupes dans la plaine, au-delà de l'Acquemimin, que les buissons de lauriers-roses ombragent de leur vert feuillage. Les Spahis d'avant-garde se mêlent à eux et engagent le combat ; les défis sont donnés de part et d'autre ; ce sont des scènes du moyen âge, qui, en offrant un spectacle inconnu à beaucoup de militaires de l'armée, commencent les hostilités; le coup d'œil est magnifique, le ciel superbe, et tous ces chevaux, qui évolutionnent séparément sous leurs habiles écuyers, ces coups de feu

---

(1) A la première expédition, tous les rapports nommaient ce ruisseau le Bou-Mersoug : c'était par erreur. Le Bou-Mersoug suit latéralement la route à une lieue environ au-dessus de l'*Acquemimin*.

qui partent par intervalles aux cris des combattants, arrêtent l'armée, curieuse de voir ces ennemis, qui lui paraissent moins redoutables que la monotonie des plaines désertes. Deux escadrons de chasseurs sont lancés successivement pour appuyer les Spahis engagés sans ordre supérieur. Puis cette cavalerie reçoit l'ordre de se mettre en bataille, afin de protéger le passage de l'armée. Cette attaque des tirailleurs, sur laquelle l'artillerie tira quelque obus, ne se termina qu'à la nuit. Les Spahis, le sabre à la main, y retrouvèrent l'énergie qu'ils avaient perdue à la retraite du maréchal Clauzel.

Nous allâmes camper le 5 octobre à deux lieues plus loin que le Somha, et à une lieue de Constantine. Cette nuit du 5 au 6 fut légèrement pluvieuse; le vent, passé subitement au nord-ouest, avait fait succéder à la pureté du ciel une atmosphère brumeuse et froide qui disposait mal nos moyens d'attaque; heureusement que la pluie ne continua pas toute cette nuit du 6 octobre, et surtout qu'elle ne tomba pas dans les proportions de la latitude où nous nous trouvions, car autrement, nous étions enterrés dans notre bivouac sans possibilité d'en sortir.

Enfin, le 6 octobre, nous arrivâmes devant Constantine. Le temps fut incertain toute la matinée; les chemins étaient déjà un peu défoncés pour les grosses voitures; mais l'activité des soldats surmonta tout : derrière, devant, et sur nos côtés, des fermes sont enveloppées des fumées épaisses de l'incendie, des cavaliers nous suivent sur notre gauche sans chercher à nous inquiéter; il semble que le lieu où doivent se décider nos différends n'est pas encore atteint, et que c'est à Constantine seulement qu'ils doivent nous montrer leur énergique protestation contre nos volontés; pendant ce temps, les convois arrivent et se placent sur le penchant S. E. du plateau de Mansourah, tandis qu'au-delà du Rummel nos adversaires marchent dans la direction de la ville que nous allons dominer et entourer de nos troupes.

Aussitôt notre établissement sur le plateau de Mansourah, la ville nous lança une quantité de bombes fort bien dirigées : ces projectiles se succédaient avec rapidité et éclataient fort à point (1); l'avant-garde de l'armée, qui avait été suivie de quelques éclaireurs et avait engagé quelques chasseurs à cheval avec eux, achevait de s'organiser sur le plateau, lorsqu'elle aperçut l'ennemi attaquant avec fureur l'arrière-garde, commandée par le colonel Combe. Le soleil d'Afrique avait reparu dans tout son éclat, et avec lui, la cavalerie d'Achmet; des nuées de tirailleurs à pied et à cheval surgissent partout et s'abattent sur nos colonnes en remplissant l'air de leurs cris de sang; en même temps la ville redouble le feu de ses mortiers et de ses canons, dont les projectiles arrivent au milieu de nos rangs.

On rapporte que dans l'attaque de l'arrière-garde, le colonel Duvivier, ne pouvant contenir son ardeur et raisonner son courage, se jeta parmi les lignes de tirailleurs engagés, pour respirer ce parfum du salpêtre qui exalte les âmes guerrières. M. Duvivier est un de ces hommes comme il serait à désirer que notre armée d'Afrique en comptât beaucoup, pour le succès de ses travaux, et pour l'avenir des contrées qu'elle a mission de pacifier.

A midi, on décida que la brigade Rulhières passerait le Rum-

---

(1) Les défenseurs de Constantine s'étaient exercés à tirer des bombes sur le Mansourah et les lieux que nous avions occupé pendant notre première expédition. On remarquait sur le plateau les essais de leurs écoles.

mel pour aller occuper les hauteurs de Coudiat-Aty. Ce général en reçut l'ordre, et se disposait à exécuter le mouvement lorsqu'il fut retardé par le général Perregaux, qui, se démettant tout-à-coup de ses fonctions de chef d'état-major, et ayant obtenu du Gouverneur que toute la cavalerie fût mise sous ses ordres, voulait appuyer la brigade Rulhières. Cet ordre, qui provoquait une scission entre ces deux chefs, fut bientôt révoqué, et la brigade Rulhières exécuta seule son mouvement. A la première expédition, par un ciel de fer, une saison épouvantable, des soldats dénués de tout, mourants de faim et de froid, passent dans la même journée trois torrents et enlèvent dès le matin, au pas de course, la baïonnette au bout du fusil, cette position de Coudiat-Aty, la seule importante des environs de Constantine.

Le général Fleury profita du départ de la brigade Rulhières pour aller reconnaître lui-même Coudiat-Aty, le seul côté où la ville soit accessible, et, par conséquent, où l'on dût faire quelques travaux de siége. Pendant qu'il passait le Rummel avec la brigade, la batterie de la porte Bab-el-Oued fait feu en enfilade sur la colonne, et le capitaine du génie Rabier, son aide-de-camp, est tué par un boulet.

Le passage s'exécuta sans autre perte marquante, et Coudiat-Aty fut bientôt couronné par nos troupes. Dans cette journée, les Arabes ne quittèrent le combat qu'à la nuit, nos obus et nos boulets ne jetèrent presque pas de désordre dans leurs rangs, tant ils avaient espoir de se ruer sur nos cadavres.

Le bey Achmet nous fit harceler continuellement par ses cavaliers et par les Kabyles des montagnes voisines. Lui-même nous observait de son camp, situé derrière Djébel-Aïfour, au-delà du Rummel : la position qu'Achmet occupait n'était point à l'abri d'une surprise, mais personne ne parla ni ne pensa à une attaque de nuit.

Dès le matin du 7 octobre, les Arabes arrivèrent en masse sur la brigade établie à Coudiat-Aty. Les chasseurs d'Afrique exécutèrent plusieurs belles charges qui les refoulèrent avec perte pendant que nos obusiers de campagne ricochaient leurs projectiles dans la profondeur de leurs rangs. La ville, dans les rues de laquelle on observait une agitation extrême, continuait à lancer des bombes et des boulets sur Mansourah et sur les brigades Rulhières et Combe; puis les Kabyles attaquent, avec la fureur d'animaux carnassiers, le plateau de Mansourah; partout, et de tous côtés, la fusillade et le canon se font entendre, c'est un aspect magnifique et même peu commun dans ces contrées, que la résistance de ces assaillants, poursuivis et enfoncés d'un côté par les Zouaves du colonel Lamoricière, une partie du 17e. léger, les Spahis et quelques pièces de montagne, et de l'autre par six escadrons de chasseurs à cheval, des troupes légères d'Afrique, la légion étrangère, les 47e. et 11e. régiments de ligne.

Dans ces attaques par les Kabyles, plusieurs de nos soldats furent obligés de lutter corps à corps avec ces descendants des Numides. Leurs chefs, chaussés du cothurne, la jambe nue et le corps couvert d'un simple petit manteau de couleur brune, animaient par leur témérité extraordinaire leurs hordes sauvages : posés en acteurs tragiques, on en a vu parcourir, d'un pas mesuré et lent, le front de nos lignes, sous une grêle de balles, planter un drapeau comme point de démarcation de leurs mouvements, et agiter avec dédain les plumes d'autruches qui garnissaient leurs coiffures (1).

(1) Le mot Numide est d'origine persane, si l'on en croit Salluste,

Le ciel s'étant couvert, la pluie commença à tomber à midi
et continua jusqu'au lendemain soir 8 octobre. Les fusillades
cessèrent en partie pendant ce temps de désolation et de misère ; néanmoins la ville tira sur les batteries que nous établis-
sions à Mansourah, et les Arabes nous inquiétèrent la nuit
et le jour par des attaques partielles. L'humidité et le besoin
de nourriture ne tardèrent pas à faire périr des hommes et des
chevaux. Le camp n'était déjà plus qu'une mare, où les soldats recevaient la pluie sans pouvoir établir de feux faute de
bois. Les Arabes ne pouvaient plus se demander, comme en
voyant nos bivouacs, de Ras-el-Akueba à Constantine, par
quels moyens nous parvenions à établir des milliers de feux
toutes les nuits dans un pays entièrement déboisé (1). Ces
bivouacs, qui figuraient, à la clarté de leurs flambeaux pé-
tillants, des villes immenses, des bazars, des quartiers et
même des monuments, ne sont plus que de tristes solitudes,
sombres, froides et humides, sur lesquelles le génie de la mort
commence à planer. Les chevaux ne hennissent plus d'impatience, on n'entend plus de chants s'échapper de la tente de la

dans la guerre de Jugurtha. Les Numides, à ce que dit Tertullien, portaient des perruques de crin de cheval. Ces perruques étaient assurément le bouquet de cheveux crépus et longs qui garnit encore le sommet
de la tête des Kabyles. Cependant le mot de Numidie vient de *Numida*,
en latin, qui est formé de *Nomas, Nomadis :* ce dernier est grec ;
νομὰς vient de νέμω, paître, faire paître. Les anciens Numides s'occupaient, comme aujourd'hui les Arabes du désert, à nourrir des troupeaux qu'ils conduisaient dans les endroits où il y avait des pâturages :
n'ayant point de demeures fixes, ils passaient leur vie sous des tentes.

(1) Chaque soldat avait emporté un petit fagot sur le sac à sa sortie
de Mdjez-el-Ammarr, et presque tous s'étaient munis d'un grand bâton
pour aider à la marche jusqu'au moment où il deviendrait nécessaire à
la cuisson des aliments.

cantinière, ses provisions sont épuisées, et le silence de la nuit n'est troublé que par les coups de feu des sentinelles avancées. Le matin même, la *diane* était muette, le soldat se réveillait sans tambour ni musique.

La province de Constantine présente, à 15 et 20 lieues à la ronde, l'aspect d'un pays régi par le despotisme musulman; pas une forêt ne s'offre à l'œil depuis le Ras-el-Akueba jusqu'à Constantine. Cependant cette nudité ne saurait être attribuée à la stérilité de la terre; quelques oliviers épars dans de grandes distances prouvent que si la politique des beys n'avait pas été pour quelque chose dans cette absence de plantations, le pays pourrait en être abondamment fourni.

Cette espèce de glacis autour d'une ville qui a besoin de commander à tant de monde, sans autre ressorts que ceux de la crainte, permet d'agir en toute sûreté contre les gens des campagnes, et ce n'est qu'à 20 lieues de Constantine que ce pouvoir plus affaibli laisse aux Kabyles la liberté de protester dans leurs montagnes boisées contre la trop grande exigence des beys.

Le 8 octobre au soir, les premiers travaux de l'artillerie étant terminés, malgré de grandes difficultés et une pluie battante, le général Valée fit mettre en batterie, à côté du mamelon appelé la redoute Tunisienne (1), 2 pièces de 16 et 2 obusiers de 8 pouces, pour contrebattre une batterie de 3 mortiers située à la Casbah de Constantine, et servie avec assez d'habileté par des canonniers turcs. Une batterie de 3 mortiers

---

(1) Ce mamelon fut celui sur lequel les Tunisiens avaient établi leurs batteries lors du siége qu'ils firent infructueusement de Constantine, il y a environ trente-trois années.

de 10 pouces fut établie à la gauche de cette redoute, et des travaux s'exécutèrent pour en monter une troisième, composée d'une pièce de 24 et de deux de 16, à environ 60 mètres au-dessous, sur une plate-forme naturelle.

L'artillerie travailla avec une patience admirable pendant cette pluie désespérante ; mais, par une imprévoyance fâcheuse, le génie traça si étroitement et si légèrement le chemin qui devait conduire les pièces à la batterie du Roi, que les canons versèrent sens dessus dessous, avec leurs attelages.

De son côté, la batterie de 24 n'ayant pu passer le Rummel pour être mise à Coudiat-Aty, l'ouverture du feu de nos batteries de siége fut remise au lendemain.

Dans cette journée du 8 octobre, 200 malades entrèrent à l'ambulance. Cette ambulance, au lieu d'être placée dans les grottes chaudes et sèches qu'on lui avait destinées l'an dernier, se trouvait dans un champ labouré, sur le passage de toutes les eaux qui s'écoulent du Mansourah ; on avait même interdit à tout le monde un enclos en pierre appelé le Jardin du Mara-bout ; ce lieu était destiné aux chevaux du chef d'état-major, et son aide-de-camp repoussait brutalement ceux qui venaient y demander un asile ou un peu de bois (1).

(1) L'impossibilité où les malades furent de se garantir du froid et de la pluie, augmenta le nombre de ceux attaqués de dyssenteries ; les fièvres légères devinrent irrémédiables. Les ambulances, dépourvues de toute espèce d'abri, ne purent offrir un asile aux malheureux qui venaient y montrer leurs misères. Le chef de bataillon du 17e. léger, M. Maré-chal, atteint d'une fièvre cérébrale, y mourut de froid. On ne peut cependant adresser aucun reproche aux officiers de santé et d'administration : leur zèle a été grand, mais les moyens mis à leur disposition étaient presque nuls, et chacun frémissait à la pensée d'être malade, car il y avait certitude de mort.

Le général Valée, contrarié de ne pouvoir établir la batterie de 24 à Coudiat-Aty, présida à tous les travaux de l'artillerie sur le Mansourah, et au relèvement des pièces tombées dans le ravin, sans paraître s'inquiéter plus de l'avis de son supérieur que des bombes que la ville continuait à lancer sur nos ouvrages.

Enfin, le 9 octobre, vers sept heures du matin, le feu commença malgré une pluie battante, des batteries dites du Roi, d'Orléans, et de celle de mortiers. Les Kabyles recommencèrent leurs attaques sur les derrières de Mansourah, et la cavalerie d'Achmet revint sur Coudiat-Aty. Nos batteries éteignirent momentanément le feu de quelques canons de la place; mais, au milieu de l'indifférence que cette cité montrait pour nos attaques, nous voyions ses remparts défendus contre un coup de main. Le silence de la mort avait succédé à l'agitation que l'on remarquait le premier jour dans ses quartiers, que nos bombes et nos fusées incendiaires frappaient sans résultats apparents; la canonnade continuait assez vive de notre côté, mais nos batteries, situées à 1000 ou 1200 mètres des points à battre, n'avaient pas tout l'effet que pouvaient attendre les personnes étrangères à l'artillerie.

La batterie destinée à éteindre le feu de la Casbah, commandée par le capitaine Lecourtois, se fit remarquer par la justesse de son tir, et celle de mortiers, après quelques essais pour la rectification des charges, jeta ses bombes avec assez de justesse sur les ouvrages ennemis.

Sur les neuf heures du matin on amena le drapeau turc flottant sur la porte Bab-el-Djédid; ce drapeau avait le fond rouge et portait sur son immense dimension un sabre à deux tranchants (1). Chacun pensait que la ville allait se rendre : vain espoir, un pavillon rouge, quatre fois plus grand succède à celui-ci. Le kalifa Soliman, auquel on demanda ce que signifiait ce changement, expliqua que ce dernier drapeau était celui de la ville, et que les habitants en l'élevant annonçaient qu'ils étaient décidés à se défendre jusqu'à la dernière extrémité.

Cependant à midi le feu des batteries ennemies semblait presque éteint ; on remarquait seulement quelques pièces qui tiraient encore sur la brigade Rulhières à Coudiat-Aty, particulièrement sur deux pièces de campagne, dont les projectiles paraissaient les incommoder.

Le temps continuait à être épouvantable ; des averses successives inondaient les troupes, et trempaient les terres grasses sur lesquelles nous campions. Une corvée de Zouaves et de soldats du 17e. léger vont de nouveau pour relever les pièces de 24 et de 16 renversées sur le penchant des rochers de Mansourah ; plusieurs officiers d'artillerie et du génie cherchent à diriger ces manœuvres de force, mais sans obtenir de résultats. Les Zouaves déclarent alors que sans les conseils d'un des leurs, qu'ils désignent, on ne réussira à rien. Pour contenter ces braves soldats on fait approcher cet homme, qui, effectivement, parvient à leur faire relever les trois pièces. Une bonne gratification fut accordée à ces soldats infatigables et propres à tout, qui venaient de rendre à l'armée une batterie devenue indispensable.

Sur les deux heures après-midi le ciel parut vouloir s'éclaircir, mais quelques instants après, d'épais nuages, poussés par le nord-ouest, vinrent encore se fondre sur l'ar-

(1) La représentation du sabre d'Ali.

mée. Tel qui se moque des phases de la lune en temps ordinaire, auprès d'un bon feu de cheminée, devient superstitieux à l'extrême, consulte les astres, et met son espoir dans les variations des planètes. Le bien-être et l'absence de souffrances ne produisent-ils pas le plus souvent l'incrédulité et l'athéisme ?

Le feu de nos batteries lança encore quelques projectiles, mais la ville ne ripostait plus depuis un instant; un morne silence régnait à Constantine; les femmes avaient cessé leurs cris de joie et d'encouragement, et *l'écho* des montagnes du grand désert répondait seul aux détonnations assourdissantes qui se multipliaient en s'éloignant.

La diminution des vivres et le mauvais temps avaient déjà fait coucher pour toujours une cinquantaine de chevaux de traits ou de mulets de bât. Le reste de ces animaux se devoraient entre eux, ou mangeaient les planches de nos voitures. Le matériel devait être bientôt condamné à l'inaction si un tel état de choses eût continué. M. le duc de Nemours et tous les généraux redoublaient d'activité et de sang-froid, mais ils ne pouvaient commander au ciel conjuré contre nous.

Le général Valée ayant vu l'inutilité de notre canonnade du plateau de Mansourah, résolut de faire passer le soir même de ce jour, 2 pièces de 16, une de 24 et 2 obusiers de 8 pouces à Coudiat-Aty. Cette batterie, prise dans celle Lecourtois, allait battre en brèche Constantine de sa nouvelle position. L'armée, divisée sur Coudiat-Aty et Mansourah, resserra les lignes de ses bivouacs; l'ambulance et le parc aux vivres reçurent l'ordre de monter sur le plateau; mais ces équipages, où le nombre des malades augmentait à chaque instant, échangent de la boue pour de la boue, du froid et de la pluie contre de la pluie et du froid.

Le 10 octobre, dès le jour, le feu recommença de toutes parts : la ville et nos batteries tonnèrent continuellement l'une sur l'autre. Cette succession de projectiles, sillonnant toutes nos positions avec un effroyable bruit, ne semblait plus être entendue des troupes sur lesquelles elle était dirigée, tant l'espoir de réussir abandonnait déjà une partie de l'armée expéditionnaire. En même temps, les Kabyles et les cavaliers d'Achmet revenaient avec plus d'acharnement se jeter sur nos lignes. Les Zouaves, la cavalerie et les troupes des deux premières brigades leur opposèrent un feu vif et souvent meurtrier. Mais les Arabes n'en continuaient pas moins à voltiger autour de nos bivouacs, et de temps en temps nous enlevaient les chevaux de nos avant-postes, que la faim faisait errer au-delà de leurs piquets.

Le général Valée était à Coudiat-Aty, mettant la plus grande activité à la construction de la batterie de brèche. La canonnade se continuait sur le plateau de Mansourah et parvenait encore à diminuer pour cette journée les feux des assiégés. Le Général en chef et le Prince étaient partis dès le matin pour Coudiat-Aty. M. de Damrémont allait et venait d'un point d'attaque à un autre, mais le Gouverneur s'effaçait désormais devant ses collègues des armes spéciales : sa mission avait été de conduire l'armée sous Constantine, et d'entourer la place ; il l'avait investie, et son armée était gardée par un réseau de postes : il appartenait donc à l'artillerie et au génie de faire les travaux nécessaires à l'enlèvement de vive force de cette ville ; le moment d'agir, pour MM. Valée et Fleury, était arrivé, et toutes les diatribes débitées sur le compte de M. de Damrémont ne sauraient porter atteinte à sa mémoire.

A midi, les pièces de brèche passèrent le Bou-Mersoug et le Rummel, et arrivèrent sur le sommet de Coudiat-Aty à force de bras. Le duc de Nemours était sur ce plateau depuis le matin, quoique sa brigade n'y fût pas entièrement. Ce jeune Prince paraissait indifférent aux dangers et aux scènes de carnage qui l'entouraient. Les Arabes s'étant probablement aperçus de sa présence, et de nos dispositions d'attaques, revinrent au combat de tous côtés; bientôt ce ne fut plus que des cris, des coups de fusil et de canon. Une sortie eut lieu de la ville au même instant, et nous vîmes un poste de la nouvelle légion étrangère, qui soutint avec bravoure le choc de trois à quatre cents fantassins turcs et maures; leur fusillade bien nourrie eût bientôt décimé entièrement ces braves soldats, si un bataillon du même corps n'était venu à leur secours; ce renfort décida un combat général. Ce fut dans ce moment que le duc de Nemours, se trouvant au milieu des balles qui perçaient l'air d'une façon capable d'émouvoir un moins jeune courage, ses courtisans, oubliant qu'un prince, à l'armée, doit des exemples de bravoure, essayèrent vainement de l'entraîner dans l'abri qu'ils s'étaient choisi. M. de Nemours résista à leurs sollicitations avec beaucoup de noblesse et sans la moindre prétention dans ses réponses. Cependant les dangers qu'il courait étaient tels, que M. Muller, son interprète, fut blessé à ses côtés.

La pluie, qui n'avait presque pas cessé pendant toutes ces longues journées de travaux, et la boue dans laquelle l'armée errait à l'aventure, avaient défiguré tout le monde de façon à ne se plus reconnaître (1). Les chevaux continuaient à mourir de

(1) « Les généraux romains avaient étudié le climat et les lieux; ils

faim, les hommes de misère, une canonnade peu nourrie, mais continue, avait toujours lieu entre la ville et la brigade Rulhières, puis souvent la mêlée devenait telle à Coudiat-Aty, que l'on ne pouvait employer le canon contre les assaillants (1). Notre perte du 10 octobre a été plus grande que celle des jours précédents ; les Arabes perdirent aussi beaucoup des leurs pendant cette journée, et dans aucune guerre en Afrique nous ne rencontrâmes autant de résistance, d'opiniâtreté et de moyens de défense ; on pouvait croire que quelque grande pensée avait préparé cette *djëhaad* (2) des Arabes. Que cela eût été ou non, nos adversaires protestaient hautement contre l'opinion de ceux qui voulaient que nous eussions des partisans dans Constantine, et qu'Hadji-Achmet fût abhorré de ses sujets.

La nuit était venue, et avec elle la pluie. Aussitôt que ces ténèbres eurent couvert le camp français, les Arabes vinrent assaillir l'ambulance sur Mansourah, et ceux de Coudiat-Aty firent un hourra général sur nos troupes, prenant les voyages

---

» choisissaient, pour leurs expéditions, la saison de l'année où les ruis-
» seaux avaient de l'eau, les prés du fourrage, les champs des moissons,
» où les routes étaient praticables pour l'attirail de leurs machines et de
» leurs bagages ; où ils n'avaient, en un mot, à combattre que l'ennemi,
» peu redoutable, quel qu'il fût, à la valeur et à la discipline romaines.
» Il n'en est pas de même chez nous ; en effet, tandis que ces chefs
» audacieux, mais prudents, mettaient leurs troupes en quartier d'hiver
» depuis octobre jusqu'en février, il semble que nous prenions à tâche
» de lutter à la fois contre les Arabes, la nature du sol et les éléments ;
» il semble que, depuis dix ans que nous occupons l'Afrique, nous ne
» sachions point encore quand les pluies arrivent, quand la terre est
» nue, quand les routes sont impraticables. »

DUREAU DE LA MALLE, *membre de l'Institut.*

(1) Voyez la note (*d*).

(2) *Djëhaad*, guerre sainte.

des caissons à munitions pour une levée de siége. Une vive fusillade ayant fait revenir l'ennemi de son erreur, lui prouva que nos troupes n'étaient pas d'humeur à abandonner aussi vite les fruits de l'entreprise à laquelle l'honneur national les avait attaché. La nuit se passa ensuite comme toutes les précédentes, avec la tristesse de ne point voir le temps s'améliorer. Le soldat, accroupi dans la boue, écoutait, en pensant aux douceurs de sa patrie, les gouttes d'eau qui précédaient les averses qu'il devait recevoir; le bruit du vent, le mugissement des torrents et la voix des Arabes lui retraçaient les terreurs de son enfance; ses paupières s'affaissaient sous les fatigues du jour, tandis que celles du Gouverneur parcouraient l'intérieur de la tente qui l'abritait. La perplexité de M. de Damrémont augmentait à chaque minute perdue, parce que ce temps, dont lui seul était responsable, diminuait les ressources de l'armée qu'il commandait.

Dès le matin du 11 octobre, la ville, qui avait rétabli ses batteries pendant la nuit, recommença son feu, et les Kabyles attaquèrent de nouveau nos postes de Mansourah, avec un acharnement sans exemple. Le 17e. léger soutint leur choc et combattit corps à corps ces indigènes, dont il fit un assez grand carnage.

La batterie de 24 commençait à battre en brèche : cette batterie était à près de 550 mètres; ses projectiles ébranlaient la muraille, mais l'éboulement ne se faisait pas aussi rapidement qu'on s'y était d'abord attendu; une batterie de 8 et des obusiers de campagne causaient beaucoup de mal aux pièces de la porte el-Djédid, une partie de ses boulets enfilaient les embrasures des casemates. Les habitants faisaient de temps à autre des sorties qui étaient repoussées vivement, mais dont les suites augmentaient toujours le nombre de nos blessés et de nos embarras. C'est alors que M. le général Valée se décida à rapprocher sa batterie de brèche; cette fois il fixa son emplacement à 160 mètres de la muraille, et la nuit fut attendue pour favoriser cette opération périlleuse. La ville envoyait toujours sur le Mansourah et sur Coudiat-Aty, des bombes dont les éclats tuaient des hommes et des chevaux : mais les soldats n'avaient plus que de l'indifférence pour les résultats de leurs ravages. Des personnes bien informées assurèrent que le 11 octobre, il y eut des idées de retraite, et que M. Damrémont, le Prince, le général Trézel, furent les premiers à les repousser. Toutefois ces pensées, vraies ou fausses, furent connues de l'armée, et ne firent que redoubler son zèle et sa valeur.

Dans cette journée du 11, M. B....... (1), adjudant-major au 26e. de ligne, s'étant couché à plat ventre au lieu de marcher à l'ennemi, M. le Gouverneur lui arracha ses épaulettes devant toute l'armée.

Le feu de la mousqueterie était toujours assez vif sur nos avant-postes, particulièrement sur Coudiat-Aty, où plusieurs officiers furent grièvement blessés. La nuit approchait et promettait d'être assez belle. Le vent faisant quelques sauts à l'est, laissait l'espoir de voir cesser cette coalition des éléments, si funeste à une armée dans ces pays. Les soldats français, auxquels il faut un rien pour rappeler la gaîté, oubliaient leurs

(1) Dans les attaques du plateau de Coudiat-Aty par les Arabes, M. D... D..., lieutenant au 26e. de ligne, se jeta aussi à plat ventre : ce lieutenant envoya immédiatement sa démission, qui fut acceptée. A côté de ces deux noms, que l'armée a rejetés loin de ses rangs, combien n'aurions-nous pas de traits de courage extraordinaire à citer.

souffrances en regardant la pureté du ciel et les tons chauds du couchant. La seule pensée d'un assaut prochain les occupait : c'est à celui qui montera le premier sur la brèche, qui abattra le plus d'ennemis ; les corps revendiquent, comme de coutume, l'honneur de marcher les premiers.

Pendant les différentes attaques de cette journée, l'infatigable artillerie avait transporté de Mansourah à Coudiat-Aty la batterie de trois mortiers et les deux obusiers de 8 pouces ; tout se préparait pour frapper le lendemain un coup décisif. La nuit en avançant conservait sa pureté, et la brèche commençait à se faire praticable.

Pour se conformer à ses instructions, M. de Damrémont fait sommer la place de se rendre, et envoie un jeune soldat du bataillon Turc porter ses conditions. Ce jeune homme, d'une résolution héroïque, arriva sous les murs de la ville au milieu d'une grêle de balles, et se fit hisser par dessus les remparts de Constantine, ses propositions à la main. La nuit se passa à attendre, et, par un hasard extraordinaire, l'envoyé du Gouverneur revint sain et sauf de sa mission, mais n'apportant aucune réponse : ici, comme il y a deux mois, comme il y en a six, la paix est impossible avec les Constantinois.

Aussitôt la nuit venue, le général Valée fit disposer la nouvelle batterie de brèche : cette batterie de pièces de 24, établie à environ 160 mètres de la place(1), fut terminée avec assez de promptitude, malgré le feu des habitants sur les travailleurs.

(1) Nos distances ne se rapportent pas avec celles portées dans les rapports ; les nôtres sont le résultat de plusieurs toisages. Du pied de la brèche, par exemple, à la batterie la plus rapprochée, nous avons trouvé 165 mètres, et de cette batterie à l'angle du bastion, 160. C'est ce dernier point que nous avons dû regarder comme le plus près de la place.

Au jour, les Arabes du dehors s'étant aperçus de ce nouveau feu, si rapproché de la muraille, commencèrent à concevoir des craintes sur notre réussite, et le temps remis au beau ajoutait à l'ardeur de nos troupes, en augmentant le désappointement de nos adversaires; aussi sur les dix heures du matin on aperçut les Kabyles lever leur camp, prendre la route des montagnes, et disparaître entièrement; puis les cavaliers d'Achmet se retirer par groupes sur les hauteurs, à l'abri de nos canons de campagne, et attendre comme sur les derniers gradins d'un amphithéâtre, le résultat de la lutte à laquelle leur participation paraissait désormais inutile. Les Arabes rapportent que lorsque Hadji-Achmet, qui jusqu'au dernier moment avait cru à l'impossibilité de voir Constantine prise par les Français, aperçut du haut du mamelon où il s'était placé, nos soldats entrer par la brèche, de grosses larmes tombèrent de ses yeux; puis faisant subitement volte-face, il s'éloigna de ce spectacle pour courir aux conseils de sa famille.

Le canon de nos batteries et celui de la place ne discontinua pas du matin jusqu'au soir. L'armée attentive contemplait le spectacle qui n'avait que l'artillerie pour acteurs, car ce jour et son lendemain ne se voient pas souvent dans l'existence d'un homme : à chaque projectile frappant sur les murailles de Constantine, des pans de maçonnerie s'éboulent avec fracas, les maisons disparaissent dans des tourbillons de poussière que dore le soleil; mais cette ville résiste toujours, et ses habitants, résolus à s'ensevelir sous ses ruines, la défendent avec l'importance qu'elle mérite. L'artillerie avait obtenu de grands résultats dans la brèche qu'elle battait à ouvrir. Les batteries ennemies étaient désormais irréparables, mais l'ardeur des défenseurs ne cédait toujours rien à celle des attaques.

Le matin du 12 octobre, le Gouverneur général, les généraux Valée, Rulhières et son Altesse Royale, visitèrent les batteries; ils examinèrent ensuite la brèche à vue de lunettes: elle ne paraissait pas devoir être praticable de longtemps, parce que la percée n'avait d'entrée sur aucune rue: les généraux et le Gouverneur se communiquaient leurs idées et leurs projets: pendant ce moment de quelques minutes, le groupe que formait l'état-major est aperçu des batteries de la ville, quoiqu'à au moins 600 mètres de ses remparts, et un boulet traverse la poitrine de M. le Lieutenant-Général de Damrémont. Le général Perregaux, chef d'état-major général, veut se pencher sur le Gouverneur, et reçoit une balle qui lui entre dans le nez et pénètre sous les os de la tête. On dit que le boulet qui traversa le corps de M. Damrémont, emporta un peu plus loin le bras d'un soldat, qui n'eut probablement pas la présence d'esprit du général Saint-Hilaire, lors de la mort de Turenne, pour révéler ce fait à la postérité.

Le duc de Nemours ne démentit point son calme naturel et habituel, dans cette circonstance de la mort de M. de Damrémont: il continua à rester à Coudiat-Aty, où le danger était devenu plus grand qu'ailleurs par la succession des boulets ennemis qui labouraient le plateau. Quant à l'armée, soit qu'elle fût fatiguée des contre-temps qu'elle avait éprouvés dans cette campagne, soit que l'habitude de voir tomber leurs semblables enlève un instant aux hommes tout sentiment de compassion et d'inquiétude, la mort de M. de Damrémont ne causa aucune sensation pénible; les travaux continuèrent, et l'indifférence fut telle, que le soir même du jour où il fut tué, il eût été entièrement oublié, si la pièce suivante n'avait inscrit cette perte remarquable dans le livre d'ordre de chacun des corps de l'armée.

Coudiat-Aty, le 12 octobre 1857.

« L'armée vient de perdre son chef : un boulet a tué, ce
» matin, M. le lieutenant-général comte de Damrémont. Cette
» mort est la plus glorieuse qu'un homme de cœur puisse en-
» vier. Il n'est aucun militaire néanmoins qui ne la déplore,
» en raison des belles qualités qui distinguèrent celui qu'elle a
» frappé. Honneur donc à sa mémoire!
» Les troupes sont prévenues, qu'à partir d'aujourd'hui,
» M. le lieutenant-général comte Valée, commandant l'artil-
» lerie, prend le commandement en chef de l'armée. »

Le général Valée, investi du commandement en chef, fait
précipiter le feu de l'artillerie : cette arme, comme nous l'avons
dit plus haut, fut la seule occupée dans cette journée. Le génie
avait bien voulu miner la porte Bab-el-Djédid (1), mais il rencontra, dit-on, des obstacles qui l'empêchèrent de poursuivre
ses travaux. L'artillerie n'en surmonta pas moins toutes les
difficultés, et le soir du 12 octobre la brèche de Constantine
était praticable.

Le mur se composait d'un revêtement en grosses pierres
taillées et d'un massif en mortier et en décombres, enfin, d'un
mur romain, que nos boulets eurent peine à entamer. Cette
brèche était donc escarpée, et, pour entrer en ville, il fallait pas-

(1.) Bab-el-Djédid, ou Porte-Neuve. Dans ces indications de lieux,
où nous sommes obligés de conserver le mot arabe, il est rare que nous
ne soyons forcés de faire le même pléonasme que nous avons déjà annoncé à la page 51 de cet ouvrage.

ser sous un arceau de maison ayant moins de 7 à 8 pieds de large, et parmi les ruines causées par nos projectiles.

Pendant toute la nuit du 12 au 13, qui fut fort belle, les batteries de Coudiat-Aty, et la batterie du Roi, située à la gauche de Mansourah, firent un feu continuel. Et dans cette nuit, grosse du lendemain, l'ordre suivant fut lu aux différents corps désignés pour composer les colonnes d'assaut.

Coudiat-Aty, 12 octobre, à minuit.

ARMÉE EXPÉDITIONNAIRE,

« L'armée va entrer dans Constantine ; elle est trop imbue
» des principes de la discipline et animée de sentiments trop
» généreux pour abuser de sa force : le Commandant en chef re-
» commande donc aux troupes de respecter les lois de la guerre,
» qui sont aussi, dans cette circonstance, celles de l'humanité.
» Les chefs de corps et de détachements n'auront pas besoin, sans
» doute, de rappeler à leurs subordonnés leurs devoirs à ce su-
» jet ; ils emploieront leurs efforts néanmoins pour empêcher les
» excès que pourraient commettre quelques hommes égarés.
» Le Général en chef regretterait d'avoir à les rendre respon-
» sables de ceux qu'ils auraient tolérés et qui seraient de
» nature à déshonorer le nom Français.
                                » *Signé* Comte VALÉE. »

Enfin, le vendredi 13 octobre, dans la nuit, jour correspondant au dimanche chrétien dans les pays musulmans, toutes les dispositions de l'assaut furent prises, et les colonnes d'attaque ainsi composées.

*Première colonne.*

300 Zouaves, 2 compagnies du 2<sup>e</sup>. léger, et 40 sapeurs du génie, commandés par M. de Lamoricière, lieutenant-colonel.

*Seconde colonne.*

Compagnie franche du 2<sup>e</sup>. bataillon d'Afrique, 100 hommes du 3<sup>e</sup>. bataillon d'Afrique, 100 hommes de la Légion étrangère, 300 hommes du 47<sup>e</sup>. de ligne, et 80 sapeurs du génie, commandés par le colonel Combe.

*Troisième colonne.*

Formée de deux bataillons pris en nombre égal dans les quatre brigades, et commandés par le colonel Corbin : ces dernières troupes devaient suivre les premières colonnes, afin de les remplacer en cas d'échec.

Cette dernière précaution fut inutile : à sept heures du matin, par un temps magnifique, la charge commença à battre en tête de la première colonne, et l'on vit s'élancer et escalader, sous le feu de la mousqueterie embusquée, les Zouaves, ayant à leur tête M. de Lamoricière et un brave jeune homme qui paraît avoir été oublié dans les rapports, excepté celui des blessés, M. Garderens de Boisse (1). Ce dernier porta sur la brèche un drapeau tricolore qu'il avait préparé la nuit, et, à peine remis d'une blessure grave reçue à Bougie, il est renversé par un coup de feu qui lui brise l'épaule. Le colonel Combe et son officier d'ordonnance, M. le baron Frossard, chef d'Escadron

---

(1) M. Garderens de Boisse, capitaine aux zouaves, s'était volontairement chargé de reconnaître la brèche avec le capitaine du génie Boutault, pendant la nuit du 12 au 13 : mission périlleuse dont ces officiers s'acquittèrent à merveille.

d'état-major de la garde nationale parisienne, suivirent de près le lieutenant-colonel de Lamoricière. Le colonel Combe, blessé à mort, dès son arrivée sur la brèche, eut cependant la force de venir annoncer au Prince que la ville était au pouvoir des Français. M. de Nemours, le voyant pâlir pendant le récit qu'il lui faisait de l'action, le colonel Combe lui apprit qu'il avait reçu une balle qui lui traversait la poitrine et lui brisait la colonne vertébrale : quelques minutes plus tard, cette glorieuse victime était couchée pour ne plus se relever.... Le feu dura encore trois quarts d'heure dans les rues de la ville, où s'étaient barricadés ses défenseurs; et ce ne fut pas sans arroser de sang français ces murs musulmans, que nos troupes restèrent maîtresses de la place (1).

Environ une demi-heure après que les Zouaves et le 2me. léger furent entrés dans Constantine, on entendit une faible explosion, et l'on vit une masse énorme de fumée blanchâtre qui, se condensant dans son ascension, sembla, après le calme qui lui succéda, être le bouquet couronnant la réussite de nos efforts. Il en était autrement : cette explosion inattendue renversa plusieurs maisons ébranlées par la canonnade, et près de 300 hommes de nos colonnes d'attaque furent mis hors de combat : dans ce nombre, une partie fut brûlée ou ensevelie sous les décombres. Le commandant de Sérigny, les capitaines de Zouaves Desmoyens et Sanzai, les capitaines du génie Hackett et Potier, le chef de bataillon du génie Vieux furent écrasés ou blessés à mort (2). La résistance acharnée de Cons-

(1) Voyez la note (e).

(2) Ben-Aïssa nous a donné depuis quelques éclaircissements sur l'explosion arrivée près de la brèche.

Il nous a dit qu'ayant un peu de poudre dans une maison où venaient

tantine fut aussi glorieuse que l'attaque. Les canonniers maures ou turcs furent tués sur leurs pièces, et se défendirent avec fureur dans cette dernière extrémité; les casemates étaient remplies de corps mutilés et de lambeaux de chair que nos boulets y avaient amoncelés depuis cinq jours (1). Chaque habitant concourut à la défense des remparts de cette ville; des femmes furent tuées les armes à la main, et des juifs mêmes faisaient, de gré ou de force, les corvées des batteries de la place. Plus loin nous montrerons la résignation désespérée des habitants, lorsque nos troupes eurent passé la brèche de Constantine.... Peu de maisons restèrent intactes, malgré l'attention que l'on prenait à les ménager, bon nombre furent ou percées de bombes, ou lézardées par la commotion de nos projectiles. Ces maisons, bâties le plus généralement en briques et couvertes de toits en tuiles très-lourds, ressemblent assez, pour l'intérieur, aux constructions européennes. Nous trouvions ainsi, dans des pays que nous appelons barbares, l'usage immémorial des procédés de construction, qu'en France on fait passer pour des fruits de l'industrie et de la civilisation modernes.

La prise de Constantine est un des plus beaux faits d'armes dont puisse s'honorer l'armée française; elle est digne des vieilles troupes de l'empire, et le grand nombre de militaires

souvent tomber nos bombes, il avait donné ordre de la faire transporter dans un magasin à portée des batteries. C'est dans ce lieu où les tirailleurs, mêlés à quelques soldats du génie transportant des sacs de poudre pour faire sauter la porte se rencontrèrent, et où assurément le feu des fusils alluma ces premiers sacs, dont la coïncidence avec la poudre arabe a été si funeste à notre première colonne d'assaut. Ben-Aïssa était sur le chemin de la Casbah lorsque cette explosion eut lieu.

(1) Voyez la relation de l'assaut, par M. le marquis de la Tour du Pin, note (d).

de tous grades qui trouvèrent une mort glorieuse sous ses murs
et dans cette place formidable, atteste bien que rien n'est
changé dans l'armée (1) : nos soldats, après avoir couvert de
cadavres les environs de la brèche et quelques rues y abou-
tissant, se jetèrent dans les maisons, en débusquant les Arabes
qui s'y étaient cachés, puis ensuite allèrent se rouler en riant
sur les divans des grands seigneurs de la ville, afin d'oublier
les peines de cette campagne. Nous laisserons un instant ces
braves jouir en paix de leur belle victoire et de leur autorité
de vainqueurs, pour nous occuper de Constantine ; et, afin
de n'avoir plus à revenir sur le chapitre que nous allons terminer, nous y ajoutons l'ordre du jour du 13 octobre, et le
rapport des pertes jusqu'au 20, suivant M. le général Perregaux, chef d'état-major général.

Constantine, 13 octobre 1837.

« Soldats,

» Le drapeau tricolore flotte sur les murs de Constantine.
» Honneur soit rendu à votre constance et à votre bravoure!..
» La défense de l'ennemi a été rude et opiniâtre : vos attaques
» ont été plus vigoureuses et plus opiniâtres encore. L'artillerie,
» par des efforts inouïs, étant parvenue à établir ses batteries de
» brèche et à détruire la muraille, un assaut, dirigé avec beau-
» coup d'intelligence, et exécuté avec la plus grande valeur,
» nous a enfin rendus maîtres de la place. Vous avez, par ce
» succès, vengé la mort de vos braves camarades tombés à vos

(1) La saison n'offrant ni fourrages ni moyens d'existence aux
hommes, si les Arabes avaient commencé à inquiéter nos colonnes à
partir de Mdjez-Ammar, ils auraient retardé notre marche et fait dé-
penser nos vivres en route ; puis, si en arrivant ensuite devant la ville,
nous eussions trouvé un large et profond fossé à la façade de Condiat-
Aty, nos ressources eussent été impuissantes pour vaincre.

» côtés, et réparé glorieusement l'échec de l'année dernière.

» Vous avez bien mérité de la France et du Roi, ils sauront

» récompenser vos efforts.

» Maintenant, épargnez la ville, respectez les propriétés et

» les habitants, et ménagez les ressources qu'elle renferme

» pour les besoins futurs de l'armée. *Signé* VALÉE. »

PERTES JUSQU'AU 20 OCTOBRE.

### Rapport du général Perregaux.

ÉTAT-MAJOR GÉNÉRAL.

*Tués.* De Damrémont, Gouverneur.

*Blessés.* Le général Perregaux ( mort de sa blessure et de la dys-
senterie, à Cagliari. )

Le commandant Dumas.

Le capitaine d'Augicourt.

*Id.* de Villeneuve.

*Id.* de Macmahon.

*Id.* Régnard.

*Id.* Richepanse.

Interprète. Muller, interprète du prince.

Garde nationale parisienne. Baron Frossard, chef d'escadron d'état-major.

GÉNIE.

*Tués.* Capitaine Rabier.

*Id.* Potier.

*Id.* Hackett.

*Blessés.* Chef de bat. Vieux ⎫
Capitaine Leblanc ⎬ morts de leurs blessures.
*Id.* Carrette. ⎭

Lieutenant Renoux.

*Id.* Borel.

*Tués.* Sous-officiers et soldats, 5.

*Blessés.* *Id.* 59.

### ARTILLERIE.

*Tués.* Cinq sous-officiers et soldats.

*Blessés.* Sept.

Lieutenant   Tatin.

*Id.*    Baumont.

*Morts de maladie.* Un soldat.

### ZOUAVES.

*Tués.* Capitaine   Sanzai.

*Id.*    Desmoyens.

Sous-officiers et soldats, 16.

*Blessés.* Lieutenant-colonel Lamoricière.

Capitaine   Répond.

*Id.*    Tixador.

*Id.*    Garderens.

Lieutenant   Samary.

*Id.*    Thuillier.

Sous-officiers et soldats, 117.

*Mort de maladie,*                1.

### 2ᵉ. LÉGER.

*Tués.* Chef de bat.   de Sérigny.

Sous-officiers et soldats, 8.

*Blessés.* Capitaine   Leflo.

Lieutenant   Letellier.

*Id.*    Blanvillain.

Sous-lieut.   Fontanilhes.

Sous-officiers et soldats, 61.

### 17ᵉ. LÉGER.

*Tués.* Sous-lieut.   Sassy.

Sous-officiers et soldats, 9.

*Blessés.* Capitaine   Renaud.

Sous-officiers et soldats, 28.

*Morts de maladie.* Capitaine   Duportail.

Chef de bat. Maréchal.

Sous-officiers et soldats, 6.

## 2ᵉ. BATAILLON D'AFRIQUE.

*Tués.*    Capitaine   Guignard.
     Sous-officiers et soldats, 19.
*Blessés.*   Capitaine   Massiat.
     Sous-officiers et soldats, 53.

## TIRAILLEURS D'AFRIQUE.

*Tués.*    Sous-officiers et soldats, 2.
*Blessés.*   Lieutenant   Lhuillier.
     Soldat,      1.
*Morts de maladie,*      3.

## 11ᵉ. DE LIGNE.

*Blessés.*   Sous-officiers et soldats,   3.
*Morts de maladie.*   Capitaine   Dangel.
     Soldats,    2.

## 23ᵉ. DE LIGNE.

*Tués.*    Soldat,      1.
*Blessés.*   *Id.,*      8.
*Morts de maladie,*      7.

## 3ᵉ. BATAILLON D'AFRIQUE.

*Tués.*    Capitaine   Cahoreau.
     Sous-officiers et soldats,   7.
*Blessés.*   Sous-lieut. Adam.
     Sous-officiers et soldats,   41.
*Morts de maladie,*      3.

## 26ᵉ. DE LIGNE.

*Tués.*    Capitaine   Béraud.
*Blessés.*   Sous-officiers et soldats,   4.

## LÉGION ÉTRANGÈRE.

*Tués.*    Capitaine   Marland.
     Sous-lieut. De la Colle.
     Sous-officiers et soldats,   5.

*Blessés.* Capitaine   Raindre.

       *Id.*       Meyrand.

    Sous-lieut.   Boissy.

    Sous-officiers et soldats,  47.

### 47ᵉ. DE LIGNE.

*Tués.*    Colonel     Combe.

    Capitaine    Madies.

    Sous-officiers et soldats,  8.

*Blessés.* Capitaine   De Caurobat.

    Lieutenant   Galleni.

    Sous-officiers et soldats,  40.

*Morts de maladie.*  Sous-lieut.   Carpette.

        Sous-officiers et soldats,  6.

### 1ᵉʳ. RÉGIMENT DE CHASSEURS D'AFRIQUE.

Un tué, un blessé, un mort de maladie.

### 3ᵉ. RÉGIMENT DE CHASSEURS D'AFRIQUE.

*Blessés.* Lieutenant   Errochot.

       *Id.*       Vivasaing.

*Morts de maladie,*  5.

### SPAHIS.

*Blessés.* Soldats,  5.

*Mort de maladie.*  Lieutenant   Capdepont.

### TRAIN DES ÉQUIPAGES.

*Mort.*  Soldat,  1.

### OUVRIERS D'ADMINISTRATION.

*Mort.*  Soldat,  1.

### CHEVAUX.

237 Chevaux morts, dont 21 tués par l'ennemi.

*Nota.* Nous sommes loin de donner ce détail et le résumé récapitulatif qui le suit, comme le chiffre exact de nos pertes dans cette campagne; mais comme ces pièces sont officielles, nous croyons devoir les rapporter.

RÉSUMÉ RÉCAPITULATIF.

| DÉSIGNATION des CORPS. | PROVENANT DU FEU DE L'ENNEMI. | | | | | | MORTS DE MALADIE. | | |
|---|---|---|---|---|---|---|---|---|---|
| | OFFICIERS. | | | SOUS OFFICIERS ET SOLDATS. | | | OFFICIERS. | SOUS OFFICIERS ET SOLDATS. | |
| | Tués. | Blessés. | Total. | Tués. | Blessés. | Total. | Morts. | Morts. | Total. |
| État-major. | 1 | 9 | 10 | » | » | » | » | » | » |
| Génie. | 4 | 4 | 8 | 5 | 59 | 64 | » | » | » |
| Artillerie. | » | 2 | 2 | 5 | 7 | 12 | » | 1 | 1 |
| Zouaves. | 2 | 7 | 9 | 16 | 117 | 133 | » | 1 | » |
| 2e. Léger. | 1 | 4 | 5 | 8 | 61 | 69 | 1 | 2 | 3 |
| 17e. Léger. | 1 | 1 | 2 | 9 | 28 | 37 | 1 | 4 | 5 |
| 2e. Bon. d'Afr. | 1 | 1 | 2 | 19 | 53 | 72 | » | » | » |
| Tir. d'Afriq. | » | 1 | 1 | 2 | 1 | 3 | » | 1 | 1 |
| 11e. de ligne. | » | » | » | » | 3 | 3 | 1 | 2 | 3 |
| 23e. de ligne. | » | » | » | 1 | 8 | 9 | » | 7 | 7 |
| 3e. Bon. d'Afr. | 1 | 1 | 2 | 7 | 41 | 48 | » | 5 | 5 |
| 26e. de ligne. | 1 | » | 1 | » | 4 | 4 | » | 4 | 4 |
| Légion étran. | 2 | 3 | 5 | 5 | 47 | 52 | » | » | » |
| 47e. de ligne. | 2 | 2 | 4 | 8 | 40 | 48 | 1 | 6 | 6 |
| Cavalerie. | » | 2 | 2 | 1 | 5 | 6 | 1 | 4 | 4 |
| Administron. | « | » | » | » | » | » | » | 2 | 2 |
| | 16 | 36 | 52 | 86 | 474 | 560 | 5 | 39 | 44 |

La ville de Constantine, dans laquelle nous venions d'entrer, a, comme toutes les villes musulmanes, une odeur qui lui est particulière, une couleur locale que rien d'européen ne peut rendre. La plus grande propreté règne dans l'intérieur de ses maisons, où l'on trouve ordinairement tout ce qui est nécessaire à la vie ; et ces maisons de Constantine pouvaient toutes soutenir leur siége particulier, tant les approvisionnements qu'elles contenaient étaient considérables et bien entendus. Cet usage, qui est commun à tout l'Orient, vient de la nécessité où l'on peut être d'un moment à un autre de se renfermer, pour éviter le contact d'une maladie pestilentielle, puis encore pour parer à tout événement malencontreux, comme les pays régis par le despotisme du sabre en offrent souvent l'exemple.

Constantine renferme beaucoup de curiosités : des maisons, des mosquées d'une grande richesse, et des minarets d'une originale beauté pour l'artiste; d'énormes arceaux antiques encadrés dans les habitations mauresques, et grand nombre de pierres couvertes d'inscriptions latines.

On y trouve aussi quelques ruines romaines, mais trop peu extérieurement pour que l'archéologue ne soit obligé de les bien chercher : des vestiges de vieux bâtiments, dont on ne peut assigner l'époque ou l'emploi, restent encore sur pied : du reste, les constructions en pierres de taille sont assez communes dans ce pays, et cette circonstance n'est pas la seule qui vienne embarrasser l'antiquaire dans l'amas confus de maisons qui forme cette cité populeuse.

Le jour de l'entrée à Constantine, 13 octobre 1837, nous nous transportâmes au palais du Bey. Ce monument, que rien ne distingue à l'extérieur, est à l'intérieur une petite merveille, une de ces habitations féériques que l'enfance aux songes d'or parcourt dans son sommeil. L'imagination de Charles Perrault, celle d'Aaroun-el-Ralschid, ce conteur qui procure plus de bonheur aux Musulmans en cette vie que Mohammed ne peut leur promettre de jouissances dans son paradis, ne sauraient fournir trop d'images et de détails pour peindre la mignardise de cet intérieur; et les riants chapitres des *Mille et une Nuits* reviennent à la mémoire, à l'aspect de ce fantastique palais, construit par Hadji-Achmet sur le rocher de Constantine.

Trois grandes cours plantées d'arbres et communiquant entre elles, sont placées, comme accidentellement et sans symétrie, les unes à la suite des autres. Autour de ces cours s'élèvent des arcades en ogives, soutenues par des colonnettes de marbre blanc, d'une délicatesse de travail exquise. Ces arcades régnent devant tous les appartements, et divisent circulairement les cours et les passages qui les lient, par leur double rang de colonnes torses ou à facettes ornées de croissants. Les appartements, auxquels ces arcades portent une ombre, suivant l'heure du soleil, sont sculptés et dorés d'une manière originale, mais fort recherchée. Tous sont garnis, jusqu'à hauteur d'homme, de carreaux de faïence coloriée, tendus avec les plus riches étoffes, ou garnis de glaces et objets précieux sur tout le reste de leur surface. Les parquets sont encore en carreaux de faïence formant des mosaïques, et recouverts de nattes ou de tapis d'un fort grand prix; et autour des galeries circulaires, où est peinte à fresque une macédoine d'événements, en couleurs fort agréables à l'œil, des lanternes aux verres de mille nuances et aux mille dessins ciselés par la patience, projettent leurs feux sur les dalles de marbre blanc, taillées en figures pentagones, qui servent de pavé à ces corridors et aux cours de ce palais.

Du fond de son divan, le Bey, étendu sur des coussins d'or et de soie des plus rares, pouvait s'endormir au bruissement de la riche verdure que caresse l'air tiède de ces contrées. Les parfums des myrtes, des orangers et citronniers, qui mêlent leurs couleurs d'or et de lys aux fleurs éclatantes des grenadiers, embaument ces habitations, qui renferment la Nubienne, la Grecque et la Géorgienne, aux voluptueux appas. Le Bey, en ouvrant ses paupières, pouvait voir dans les esclaves qui se prosternaient à ses pieds, les mille et une jouissances intimes que sa maison offrait à ses sens affadis ; et quand ses yeux ne s'inquiétaient pas des grilles vertes et rouges qu'enlacent les liserons, les campanules, et derrière lesquelles des regards avides de plaisir et jaloux d'une préférence, épient les moindres mouvements de leur seigneur et maître, sa vue se reposait sur ces belles plantations qui ornent les jardins enfermés dans son palais, et sur les jets d'eau et les marbres de Carrare, dont la blancheur présente partout des formes différentes en ajoutant au fantastique du lieu.

Après avoir vu le palais du Bey, nous allâmes visiter l'hôpital des blessés, placé dans la maison du kalifa Mustapha. Ici s'offrait le pendant de la gloire et des trophées militaires. Les cris de la douleur, le sang répandu, des membres qu'on détache du tronc, voilà la part de quelques braves ; c'est le revers d'une médaille dont la face est bien brillante, c'est l'ombre d'un tableau qui s'efface à quelque distance et que le spectateur n'interroge pas assez pour juger l'effet général : nous vîmes, entre autres victimes de la journée, le colonel Combe ; il était à l'agonie, mais jamais plus belle tête ne nous était apparue, c'était le Christ sur la croix : le calme de l'héroïsme répandu sur ces traits que la mort enlevait au triomphe, lui donnait l'air d'un martyr mourant pour la plus sainte cause. Là se trouvait aussi M. le baron Frossard, chef d'escadron d'état-major de la garde nationale de Paris, faisant fonctions d'officier d'ordonnance du colonel Combe, que plusieurs balles avaient atteint à côté du digne chef qu'il était venu servir en amateur. Le courage que ce digne volontaire de nos expéditions africaines montra sur la brèche de Constantine, mérite d'être signalé. Si l'on considère la différence de position de M. le baron Frossard avec celle du militaire, dont l'état est de jouer avec les dangers de la guerre, on concevra que toutes les louanges qu'on doit lui adresser ne sont qu'une faible compensation des périls qu'il affronta si gaiement. M. le baron Frossard avait déjà fait partie de l'expédition du général Bugeaud, à Oran, et fut un des envoyés au camp d'Abd-el-Kader.

Les troupes montées à l'assaut prirent leur casernement à Constantine, et le reste de l'armée, consigné aux portes de la ville, demeura à ses bivouacs de la veille. Ainsi, tandis que les maisons maures regorgeaient d'approvisionnements pour les chevaux et les hommes, une partie des troupes et la cavalerie restèrent encore à la portion des jours précédents, sollicitant la faveur de parcourir au moins une fois cette ville, dont chacun était curieux, sinon intéressé, à vérifier les ressources; les généraux quittèrent leurs brigades et vinrent s'établir en ville, pour profiter de l'abondance du moment, et le Général en chef, le Prince, ainsi que tout l'état-major général, prirent possession du palais.

Le 15 octobre, l'état-major fit paraître un ordre du jour qui enjoignait aux habitants d'apporter les armes et les munitions dont ils pouvaient être détenteurs (1), et M. le duc de Nemours annonçait aussi, par un autre ordre, qu'il désirait passer une revue pour témoigner aux troupes toute sa satisfaction sur leur belle conduite. Tout continuait à être tranquille à Constantine. La ville seule offrait encore les traces d'un

(1) Constantine, le 15 octobre 1837.

Les habitants de la ville qui sont possesseurs d'armes et de munitions, soit qu'elles se trouvent dans leurs maisons ou déposées ailleurs, sont prévenus de les porter à la Casbah, et de les remettre à l'artillerie dans la journée de demain. Après demain des visites seront faites dans toutes

pillage général : les soldats n'éprouvaient aucune difficulté à fouiller dans les débris de magasins des boutiquiers ruinés. Cette licence, dont les troupes étaient honteuses, semblait être oubliée et permise pour couvrir d'autres pillards moins délicats : chacun n'avait-il pas un souvenir à rapporter de cette conquête, achetée aux dépens de tous ?

Le 16 octobre, M. le duc de Nemours passa en revue les troupes composant l'armée. Ces rangs, dans lesquels reparaissait la propreté, attestaient cependant toute la rudesse de la campagne qui venait d'être terminée d'une manière si brillante : les figures hâlées, encore noires de poudre, les vêtements brûlés ou percés de balles, ajoutaient à l'imposant de ce spectacle, que les Tuileries et le Champ-de-Mars ne peuvent rendre dans leurs jours de fêtes militaires.

Le 17, la colonne commandée par le colonel Bernelle, arriva de Mdjez-el-Ammarr, accompagnée du prince de Joinville : cette colonne, qui se composait du 61e. régiment de ligne, d'un bataillon du 26e. et d'un convoi de vivres, avait été de-

---

les maisons, et les habitants chez lesquels se trouveront des armes ou des munitions seront fusillés.

Le présent ordre sera traduit en arabe, et immédiatement affiché dans toute la ville et ses mosquées.

En portant cet ordre à la connaissance de l'armée, M. le Commandant en chef espère faire cesser les trafics honteux que se sont permis des soldats et même des officiers (1), qui, au lieu de les livrer à l'artillerie, se sont mis à vendre et à acheter des armes. Les termes du règlement flétrissent du nom de pillage toutes les actions semblables.

*Signé* VALÉE.

(1) Pauvres soldats et braves officiers, cet ordre vous incrimine tous, et pourtant nous savons que s'il y a eu dans l'armée des hommes revêtus de votre caractère à qui ce reproche s'adressait, ce n'était point dans les régiments qu'il fallait les aller chercher.

mandée par le général Damrémont; elle vint un peu trop tard pour assister à l'assaut; mais, comme si les vainqueurs n'avaient pas éprouvé assez de calamités, elle nous apporta le choléra, qui en peu de jours décima l'armée plus que ne l'avait fait le feu de l'ennemi.

Dès le 18 au matin, des coups de canon tirés de demi-heure en demi-heure annoncèrent les derniers honneurs que l'armée allait rendre à son ancien chef. Toutes les compagnies d'élite furent commandées pour faire partie du convoi funèbre, et accompagnèrent le corps de M. de Damrémont jusqu'à la place où il fut frappé de mort. Le souvenir de cette cérémonie resta peu dans l'esprit des chefs : après les dangers passés, l'intrigue avait tout envahi, et les intérêts personnels qui s'agitaient ne laissaient pas le temps de donner des regrets à celui qui n'avait plus de faveurs à distribuer....

M. le duc de Nemours, fatigué probablement des questions arabes qui avaient succédé aux cris de victoire, fit bientôt des promenades aux environs de Constantine, et quitta souvent son rôle de Prince pour celui d'artiste. On le vit le crayon à la main essayant de reproduire tous les sites dont son imagination était frappée dans cette ville extraordinaire, où il venait d'entrer en conquérant.

En parcourant la ville, les premiers jours, nous vîmes, dans une des rues pricipales, une cour où se trouvaient attachés comme de gros chiens, un lion et deux lionnes, restes d'une plus grande quantité envoyée au sultan de Constantinople depuis fort peu de temps : ces animaux, que les Arabes rendent presque domestiques, étaient gardés par un homme que nous reconnûmes pour Européen; c'était un Allemand de Mayence, soldat de notre légion étrangère, habitant Constantine depuis sept années, où il se disait retenu comme prisonnier de guerre. Il y avait encore quelques Européens dans cette ville; mais, à l'exception d'un nommé Paolo di Palma, qui nous avait servi par ses renseignements, tous étaient renfermés dans les prisons lorsque nous y arrivâmes.

Nous ignorons si Constantine a changé quelque chose à sa parure naturelle depuis la visite que lui a faite le docteur Shaw, tout ce que cet auteur indique de remarquable, nous l'avons trouvé aux mêmes lieux, sans autre guide que le souvenir de son ouvrage. Mais Shaw a oublié de dire tout l'extraordinaire de cette ville, élevée comme l'aire d'un aigle sur un roc impénétrable; les beautés de ce rocher, incomparable par son architecture naturelle et ses arceaux gigantesques, auxquels la grandeur romaine a joint ses imposants travaux.

Le pont qui réunit Constantine au plateau de Mansourah, ou de la Victoire, et que nous appelons par corruption, pont de Kantara, ou Pont du Pont, a une élévation peu commune; fondé par les Romains, réparé de nos jours par les Maures, sa hauteur est de 180 pieds. Posé avec élégance sur le rocher qui couvre la perte du Rummel, ses doubles arceaux se découpent avec grâce et légèreté dans les sombres profondeurs qui laissent passage à la rivière, dont la chute totale est, du parapet du pont à l'eau, de 320 à 330 pieds, suivant la variation des eaux.

'L'âme est saisie d'admiration et d'effroi, lorsque descendu à la droite du pont, l'œil mesure la hauteur de ces arches et la profondeur de l'antre où s'engouffrent les eaux du Rummel (1).

(1) C'est du haut de ce pont que les femmes adultères, ou celles ayant eu des relations avec des juifs ou des chrétiens, étaient précipitées dans le gouffre.

Les couches de rochers superposés, soit en forme de voûtes, soit en colonnades, fournissent dans leurs fissures une végétation qui se balance comme des guirlandes sur ces précipices affreux, et cette verdure ajoute à la grandeur de ces tableaux.

Nous vîmes au-dessus des premières arches du pont, les deux éléphants et la femme que Shaw suppose avoir été les armes de la ville de Constantine, sous la domination romaine. Puis, parmi d'autres débris de sculptures conservés dans ces anciennes constructions, une tête de bélier à l'angle d'une corniche, et une queue de poisson sur une autre pierre saillante, avec ces restes d'inscriptions :

VILI PATR..

Le Rummel (1), après avoir contourné les deux tiers de la ville de Constantine, et être reparu au-delà du lieu où il se perd, va baigner ensuite les mille jardins de plaisance qui garnissent la vallée qu'il parcourt; des moulins, de magnifiques cascades, puis de petites maisons blanches à toits rouges et volets verts qui se reflètent dans les eaux de cette rivière, rappelleraient de loin Auteuil et les environs de Paris; mais en approchant, la végétation détruit l'illusion; car c'est l'oranger, le citronnier et le dattier qui dominent de leurs rameaux la végétation fougueuse et parfumée de cette oasis.

En entrant en ville par la porte Bab-el-Djédid, nous vîmes pour la première fois la tombe du brave colonel Combe, adossée à un marabout; ce monument de la piété des soldats pour leur

(1) Le Rummel est l'*Ampsaga* des anciens.

chef regarde la porte de la ville et la brèche. Voici l'épitaphe qui le décore :

LE 47ᵉ. RÉGIMENT DE LIGNE

A MICHEL COMBE,

SON COLONEL,

BLESSÉ A L'ASSAUT DE CONSTANTINE

LE 13 OCTOBRE 1837, ET MORT LE 15 DU MÊME MOIS,

REGRETS ÉTERNELS.

Le choléra augmentait d'intensité, et le Palais, qui devait bientôt compter un mort illustre au nombre des victimes de ce fléau, donna une fête de famille, ou plutôt d'états-majors et de généraux, où les odalisques du Harem apportèrent la musique et les danses de leur pays.

Ces femmes, de toutes couleurs, au nombre de 250 à peu près, étaient restées dans le mobilier abandonné par Hadji-Achmet à sa sortie de Constantine. On dit qu'elles étaient destinées à mourir lorsque nous entrerions en ville; mais comme elles n'avaient pour le Bey que la représentation d'une valeur numéraire, sa recommandation fut oubliée; elles durent à cette circonstance leur liberté et leur vie.

Le général Trézel, resté presque toujours en dehors des affaires, venait de recevoir l'ordre de partir pour Mdjéz-el-Ammarr. On joignit à sa brigade un convoi de 500 blessés. L'ordre donné d'abord pour le 25, fut remis ensuite au 26. Cette colonne emmena encore avec elle le kalifa Soliman, que tous les chargés du bureau arabe repoussèrent des affaires. Ce Musulman avait trop compté sur lui-même, et sa négligence à se faire bien venir des meneurs fut cause de son renvoi (1).

(1) Voyez la note (f).

Le maréchal-de-camp marquis de Caraman, commandant en second l'artillerie de l'expédition, mourut du choléra ce jour même. Le deuil était au Palais une seconde fois; mais cette nouvelle mort amenait avec elle des craintes, des inquiétudes. C'est alors que l'on confirma au colonel Bernelle qu'il tiendrait garnison à Constantine avec environ 2,000 hommes, et que l'on annonça le prochain départ du Prince, de l'armée et du Général en chef.

Dès le lendemain, les troupes du génie se mirent à déblayer les environs de la brèche et à remonter le mur en sacs de terre, puis ils isolèrent la Casbah des maisons qui l'entouraient, pour y loger la garnison (1). Ce fut pendant ces dispositions, qui annonçaient le départ prochain de l'armée, que la coterie semi-arabe, pour assurer définitivement le choix du fils du scheik El-Blaid, comme gouverneur de la ville, imagina de faire offrir au Prince, par cet aspirant au pouvoir, un cadeau composé d'un cheval harnaché à l'arabe, de peaux de tigres et de lions, et différents autres produits du pays, que M. de Nemours eut le bon esprit de refuser; mais l'effet de ces présents était obtenu, et la coterie ne craignit plus rien : elle avait rempli ses engagements. Plusieurs officiers s'étaient livrés à la direction des affaires pendant les quelques jours que le Général en chef et l'armée restèrent à Constantine; mais tous échouèrent dans leurs travaux, parce qu'ils n'étaient pas entièrement dé-

(1) Près de la Casbah, il y a quelques anciens puits romains taillés dans le roc, où les habitants nous ont assuré que bey Achmet faisait jeter les cadavres des individus que l'on décapitait dans son palais, hors des règles communes et journalières.

La nuit qui précéda son départ, Hadji-Achmet fit décapiter 80 notables de la ville de Constantine.

pouillés d'intérêts personnels : ce marchepied de l'ambition,
qui avait servi à quelques hommes remarquables parmi les
Français d'Afrique, était usé ; ou ces imitateurs des Duvivier,
des Marey et des Lamoricière, étaient trop éloignés de leurs
modèles. Enfin, cette agitation d'intrigues et d'ambitions mesquines, pour lesquelles nos anciens ennemis de Constantine
mettaient en mouvement tous les moyens qui pouvaient précipiter une conclusion en leur faveur, devenait fatigante aux
hommes de généreuses intentions, lorsque l'ordre suivant fixa
enfin toutes les incertitudes.

« Constantine, 27 octobre 1837.

« L'armée est prévenue qu'une garnison française sera laissée à Constantine pour occuper cette place.

Cette garnison sera sous les ordres de M. le colonel Bernelle, qui
prendra le titre de commandant supérieur de la place et de ses dépen-
dances. Elle sera composée ainsi qu'il suit :

Le 61e. régiment de ligne.

Le 3e. bataillon d'Afrique.

La compagnie franche.

Deux compagnies de sapeurs.

Deux batteries d'artillerie avec 4 pièces de montagne.

Un escadron de chasseurs.

Un détachement de Spahis.

L'effectif sera augmenté par les malades restés dans les hôpitaux de
Constantine, qui entreront dans les rangs dès que leur santé permettra
de leur faire prendre les armes.

M. Régnard, capitaine au corps royal d'état-major, remplira les fonctions de chef d'état-major à Constantine.

M. le capitaine Huot, celles de commandant d'artillerie ;

M. le capitaine Niel, celles de commandant du génie ;

Les services administratifs seront sous la direction de M. le sous-intendant militaire adjoint Rothé, qui aura sous ses ordres, pour la surveillance des diverses parties de l'administration,

MM. Falcon, chef du service du trésor et des postes;

Artigues Léon, chef du personnel de l'administration;

Bedec, comptable des vivres et fourrages;

Fabus, comptable des services viande, chauffage et campement.

Le service médical de l'administration sera confié à

MM. Ducis, chargé du service chirurgical;

Mestre, *id.* médical;

Huit sous-aides sont attachés à ce service.

La place de Constantine sera en état de siége jusqu'à nouvel ordre.

M. le colonel Bernelle réunira tous les pouvoirs civils et militaires.

Il sera formé dans la garnison un conseil de guerre et un conseil de révision, conformément aux lois en vigueur.

Les crimes commis par les individus à la suite de l'armée, à un titre quelconque, ressortiront de ces conseils.

M. le colonel Bernelle pourra continuer à faire juger les indigènes selon les lois et dans les formes en usage dans le pays.

Jusqu'au moment du départ de l'armée, l'organisation du service restera telle qu'elle a été fixée depuis la prise de Constantine, et M. le colonel Bernelle n'entrera en fonctions que lorsque l'armée se sera éloignée des murs de la place.

> Par ordre du général en chef,
> *Signé* MAUMET. »

Le scheik Ferhat-ben-Saïd (1), cet ennemi du bey Achmet, qui offrait ses services à tous les gouverneurs d'Alger, cet homme puissant du désert, qui nous avait écrit tant de lettres pour nous engager à la guerre avec Achmet bey, arrivait enfin prendre sa part à la grande curée de Constantine.

Aussitôt que son approche fut annoncée, le nouveau Caïd

(1) Voyez la note (*g*).

de la ville fit prendre dans les magasins du Beylick, tous les objets nécessaires au campement de 3 à 400 Arabes que Ferhat amenait avec lui, parce que, suivant la coutume de tous ces hommes, sans exception, et quelle que soit la dignité dont ils se revêtent, on ne doit se présenter à ses amis qu'avec des besoins et non le superflu.

M. le Général en chef abandonna au Caïd de la ville le soin de traiter Ferhat, et invita seulement à dîner, afin de les réunir une fois avant son départ, ce grand Scheik avec les autres notabilités musulmanes en fonctions. Des questions et des réponses nombreuses y furent échangées par l'entremise d'interprètes. La présence de tous ces dignitaires arabes, sur lesquels on avait tant de fois échafaudé des espérances, ne nous étonna pas plus que le banquet offert dans le palais de leur ancien maître ne leur parut extraordinaire. La différence entre les Arabes et les Français est bien grande : les premiers ne s'attachent qu'aux individus dont ils ont apprécié la valeur réelle par de longs rapports; le caractère français, au contraire, ne veut que la nouveauté, et ses attentions obséquieuses avec ceux qu'il voit pour la première fois, annonçant la légèreté de ses pensées, sont une des raisons puissantes qui éloignent les Musulmans des relations qu'ils pourraient entretenir avec nous.

Enfin, le jour du départ, qui avait été ajourné, arriva. Ce fut le 29 octobre : le temps était beau; dès le matin, un mouvement général se fit remarquer dans toutes les rues, dans tous les quartiers; les soldats eurent bientôt chargé leurs sacs, mais d'autres personnes avaient plus de peine à ramasser le leur, et l'on voyait sortir de toutes les grandes maisons des paquets, des ballots, des caisses, sous le poids desquels des domestiques pliaient leurs reins. Tous ces effets se transportaient hors de la porte Bab-el-Djédid et Bab-el-Oued, où étaient rangés en bataille les équipages militaires et les mulets de bâts.

Lorsque l'armée se mit en mouvement, son lourd convoi présentait l'aspect du déménagement d'une ville entière, sans en excepter son théâtre et ses acteurs; car des fragments de costumes et de coiffures bizarres, dépouilles opimes, couvraient indistinctement les épaules et la tête de ceux qui avaient pu se les approprier.

Personne n'oubliera ce coup d'œil remarquable et pittoresque, les inquiétudes de certains intéressés sur la marche des voitures. Jamais la sollicitude pour les bêtes de somme et de trait ne fut poussée si loin; aussi tous les bagages arrivèrent-ils à leur destination, et le gros de l'armée, parti le 29 octobre de Constantine, entra au camp de Mdjez-el-Ammarr le 1er. du mois de novembre, sans avoir rencontré aucun obstacle.

L'ordre du jour suivant fut lu au bivouac immédiatement après l'arrivée.

Au camp de Mdjez-el-Ammarr, le 1er. novembre 1837.

« SOLDATS,

» Vous venez de terminer une campagne pénible et glorieuse. Vous rentrez dans votre camp un mois jour pour jour après l'avoir quitté; et dans ce court espace de temps vous avez pris une ville fortifiée par la nature et par l'art, vous avez pacifié une province que la guerre désolait depuis plusieurs années. La France verra avec orgueil les lauriers qui entourent vos drapeaux, et les vieux guerriers qui ont pris part aux grandes batailles de l'empire, applaudiront aux succès de leurs jeunes successeurs.

» Pour moi je suis heureux qu'à la fin de ma longue carrière;
» la fortune m'ait appelé à commander une armée aussi brave
» et aussi dévouée. Je vous remercie de l'appui que vous
» m'avez tous accordé dans ces circonstances difficiles. Le
» Prince qui a marché constamment à votre tête, qui a partagé
» vos travaux et vos privations, fera connaître au Roi le zèle,
» la résignation que vous avez montrés, et je ne doute pas
» que la justice de S. M. ne vous accorde bientôt les récom-
» penses que vous avez si noblement méritées. »

Le Lieutenant-Général commandant en chef,

Signé VALÉE.

Le lendemain 2 novembre, S. A. R. Mgr. le Duc de Nemours
adressa l'ordre suivant à la première brigade, dont il avait le
commandement.

Au camp de Nécheméya, le 2 novembre 1837.

« Au moment de quitter le commandement de la première
» brigade, le Maréchal-de-Camp éprouve le besoin d'exprimer
» aux troupes qui la composent combien il a été satisfait de
» leur conduite pendant la campagne. Vous aviez l'honneur
» de la France et de l'armée à soutenir par votre patience dans
» les fatigues et les privations; par votre courage dans les
» combats, vous avez eu la gloire d'ajouter un beau fait
» d'armes à ceux qu'elle comptait déjà.

» Quant à moi, je suis heureux et fier de m'être trouvé à
» votre tête dans une aussi belle campagne. Je ressens un vif
» regret d'être obligé de vous quitter aussi tôt, mais je gar-
» derai toujours avec moi le souvenir des troupes qui ont

» composé la première brigade : puissent-elles aussi se rap-
» peler de leur Maréchal-de-Camp. »

*Le Maréchal-de-Camp commandant la première brigade de
l'armée,*

Signé Louis d'Orléans.

# RÉSUMÉ

## DE NOS TRAVAUX EN AFRIQUE.

—

**Passé et Avenir de notre occupation dans ce pays.**

A chaque organisation nouvelle, à toutes les dispositions qui depuis neuf années auraient pu amener à des résultats avantageux, des obstacles surgirent et vinrent annuler jusqu'aux plus louables intentions (1).

La France et ses représentants ont commis de grandes fautes en Afrique, depuis la conquête de ces pays : les journaux et tout le monde se sont plu à le dire. Eh bien, toutes ces fautes, toutes nos faiblesses ou nos erreurs d'administration, qui laissèrent si souvent l'opinion des Arabes indécise, étaient réparées lorsque nos soldats eurent franchi la brèche de Constantine. Les Musulmans, comme après la victoire de Stahouéli, étaient consternés et prêts à passer de bonne grâce *sous les fourches françaises;* mais il manquait,

(1) Les généraux, les hommes d'État qui passent en Afrique, ne semblent le plus souvent y venir que pour avoir leur part des honneurs qu'on y décerne, des avantages qu'on en retire, s'inquiétant peu du reste de l'avenir de cette colonie naissante, différents en cela de nos voisins d'outre-mer, qui créent à grands frais et avec beaucoup de peines des établissements jusqu'aux pôles, où le dernier Anglais court sacrifier ses affections les plus chères, et risquer une fortune accomplie pour la prospérité du gouvernement britannique.

après l'œuvre de notre armée, une main puissante, une volonté active, juste et sévère à la fois, pour rallier à nous ces populations éparses que l'isolement conduit à l'insoumission.

Un des fléaux pour notre possession de l'Algérie, est, sans contredit, cette classe d'individus spécialement placés par le caprice des gouverneurs généraux pour faire de la politique arabe. Ces espèces de diplomates et leurs agents, par une outrecuidance inimaginable, accréditent le plus souvent des erreurs qui servent de bases aux rapports et aux opérations des généraux gouverneurs ; la France recueille l'invraisemblance de leurs récits par la correspondance des journaux, et ses habitants croient lire l'histoire de l'Afrique, que n'ont jamais sue ceux-là mêmes qui ont la prétention de les instruire.

Après les difficultés qu'entraîne cette manipulation des affaires politiques arabes, dirigées par des personnages qui n'ont point étudié les mœurs et les usages de ces peuples éminemment astucieux, loin du théâtre de la guerre, il reste un autre obstacle : c'est que Paris veut commander chaque opération en Afrique, prétend connaître les besoins journaliers, et régler les détails de ces pays. Cet asservissement à une direction si lointaine a souvent les résultats les plus funestes ; car, parmi des peuples aussi hétérogènes que ceux qui habitent l'Algérie (1), le commandement doit être subordonné à mille incidents journaliers ; et, avant de faire l'application du pouvoir, il faut, autant que possible, consulter le passé pour en tirer les enseignements nécessaires à la marche du présent.

L'Algérie a été, depuis 1830, le théâtre de toutes sortes de

(1) Voyez note (h).

prétentions intrigantes et nuisibles à sa prospérité. La cause en est-elle dans le peu de fixité sur l'avenir de ces possessions, dans cette continuelle succession d'essais tentés par des volontés insouciantes de leurs résultats? C'est probable; car le mal naît de l'absence d'un pouvoir immuable et fort. Toujours est-il que beaucoup trop d'incapacités se sont crues appelées à donner leur opinion, et à travailler à la grande question d'Afrique, où plus d'un intrus ignorant et présomptueux, se surprend à rêver un commandement de province, des esclaves, un sérail (1) et de l'or. Des députés, des hommes d'état enfin, se sont placés aussi comme les augures et les dispensateurs de la volonté nationale, dans les discussions relatives à l'Algérie. Leurs raisonnements presque toujours à côté du vrai, leurs sollicitudes loin des besoins réels, ont encore ajouté aux embarras dont ce pays désire voir la cessation, et leurs discours, leurs explications, leurs demandes, nous ont entretenus dans l'ignorance de la vraie situation morale et physique de nos possessions en Afrique.

Neuf commandants supérieurs ou gouverneurs se sont succédé jusqu'ici en Algérie, ce sont :

| | |
|---|---|
| MM. De Bourmont, | D'Erlon, |
| Clauzel, | Clauzel, |
| Berthezène, | Damrémont |
| Rovigo, | Et Valée. |
| Woirol, | |

Dans ce nombre, plusieurs ont eu d'heureuses pensées, des intentions généreuses; tous assurément la bonne volonté de faire prospérer nos établissements africains. Nous ne pou-

(1) Sérail veut dire palais et n'exprime rien de plus.

vons cependant refuser au maréchal Clauzel, au duc de Rovigo
et au maréchal Valée une perspicacité, une entente de nos intérêts dans ce pays, plus marquée par des faits que celle de
tous les autres généraux en chef qui ont travaillé à l'œuvre que
la France désire voir progresser.

Dans le commencement de cet ouvrage, nous avons déjà fait
connaître notre opinion sur M. le maréchal Clauzel; et, bien
qu'il ait été un des gouverneurs sur lesquels la sévérité de la
presse se soit le plus exercée, nous n'en persistons pas moins
à dire, qu'il a toujours voulu la prospérité et la gloire de la
France en Afrique.

On a reproché au Maréchal quelques actes de son administration: de s'entourer de coteries et d'intrigants tripoteurs,
de trancher trop *impérialement* les questions de finances qui,
dans notre siècle, exigent une scrupuleuse attention, pour
que la probité individuelle n'en reçoive pas d'atteinte; mais le
temps a déjà fait justice des détracteurs de cet homme de guerre;
il est donc inutile que nous venions de nouveau plaider une
cause que l'opinion générale a jugée.

Quant au duc de Rovigo, il arriva en Afrique au commencement de l'année 1832. Ce Gouverneur, sans autres moyens
que ceux de ses prédécesseurs, ramena l'ordre dans ce pays,
et fixa dans Alger la splendeur que cette ville a depuis acquise,
tout en procurant aux troupes du corps d'occupation le bien-
être qu'elles attendaient vainement depuis 18 mois (1). Il

(1) Les soldats avaient couché, jusqu'à son arrivée, sur des planches,
n'ayant que leurs effets personnels pour se couvrir et établir leurs lits.
Le duc de Rovigo imposa aussitôt la ville d'Alger, et fit fournir aux
troupes d'occupation un couchage meilleur que celui de nos casernes de
France.

leur abandonna son palais d'été pour en faire un hôpital (1),
et sa sollicitude ne se borna pas au présent. Alger fut bientôt
débarrassé de tous les décombres qu'y avaient étalés ses devanciers : des places, des rues larges et bien aérées sont ouvertes sous son commandement, puis des routes commodes
et aussi belles que celles de France, remplacent les sentiers
tortueux du massif des campagnes; les plus grandes difficultés
s'aplanissent, en même temps que les Arabes courbent la tête
devant la volonté de fer de ce vieillard d'une prodigieuse activité.

Le duc de Rovigo gouverna peu de temps l'Afrique, et,
nous pouvons le dire, mourut à la peine avant d'avoir exécuté
tous ses projets sur ce pays, auquel il donna une vie nouvelle,
une impulsion qui sera de longue durée : il mourut presque
insolvable; pourtant la calomnie ne trouvant pas de com-
plaisants pour attaquer sa probité, incrimina plusieurs de ses
actions; et lorsque la mort ramenait à Paris cet homme de
génie que les haines ont cherché à présenter sous des traits qui
n'étaient point les siens, la France était respectée en Afrique,
et Hadji-Achmet lui faisait des propositions de vasselage (2).

(1) Le jardin du Dey avait été jusque-là l'apanage des gouverneurs.
Cette résidence magnifique, située à 10 minutes d'Alger, fut transfor-
mée par ses ordres en hôpital, et est restée depuis affectée au service des
malades.

(2) Il est à remarquer que chez les Arabes c'est la force qui constitue
le droit, et donne toute facilité à la puissance; le vaincu, par faiblesse
ou par infortune, voit se ranger immédiatement parmi ses ennemis
ceux qui étaient ses plus zélés partisans, comme le vainqueur voit grossir
ses rangs, et peut compter au nombre de ses soutiens tout ce qui lui était
opposé avant le succès de la victoire. Il y a dans cette manière d'agir
des Arabes plus que de la politique, mais encore un effet de leurs idées
superstitieuses. Un homme heureux est un être favorisé auquel chacun
doit se rallier pour ne pas encourir les vengeances divines.

M. Denis de Damrémont fut le huitième des gouverneurs ou généraux en chef commandant en Afrique, y compris M. Woirol, l'intérimaire; M. Damrémont, qui, assura-t-on, avait depuis longtemps les yeux fixés sur Alger, arriva dans ce pays avec ses créatures, sa *cour* toute formée; ce lieutenant-général, sincèrement honnête homme, montra dans sa courte administration, cet esprit de petites choses qui donne accès aux coteries ambitieuses dont le pays d'Afrique est accablé. Aussi les ennemis du maréchal Clauzel se rallièrent-ils autour du nouveau gouverneur pour écraser tout le passé : le canon ne devait plus tonner que pour les fêtes, la diplomatie avait mission d'aplanir les obstacles les plus difficiles. Nous avons parcouru cette courte époque de pouvoir, qui se termina par la mort de l'homme d'honneur auquel la France donna un tombeau digne de sa gloire, et l'impérieuse nécessité força la nouvelle série d'exploitants à se rejeter dans l'ornière de ses adversaires, après avoir perdu un temps précieux et cherché vainement à ridiculiser les faits accomplis.

Sous aucun des gouverneurs on ne vit s'élever avec autant d'assurance, l'entourage conseiller qui se dessina en deux partis bien tranchés depuis les trois ou quatre derniers généraux en chef. Ainsi, les coteries Clauzel furent exilées ou accablées d'outrages et d'injustices comme les précédentes, et leurs travaux, bons et mauvais, abandonnés sans examen, pour tenter de nouvelles expériences (1).

Qu'ajouter à ce tableau d'intrigues tour à tour s'élevant ou s'abaissant, mais ne s'agitant jamais que dans des intérêts per-

(1) « Les Arabes ont trop de rectitude dans le jugement pour que nous les traitions en enfants. Il ne faut pas s'amuser à finasser avec eux, mais aller droit au but et raisonner serré. Quelques personnes ont cru obtenir

sonnels?.... S'il fallait rapporter tous les projets, toutes les promesses inexécutées, le découragement qui en est résulté pour l'avenir de nos possessions d'Afrique, cet ouvrage ne serait point assez volumineux. Aussi chaque année on présentera de nouveaux projets et l'on demandera une augmentation de dépenses; car il faut qu'une quantité d'hommes inutiles, étrangers ou impropres à l'étude de ces pays, soient envoyés en Algérie, où l'on ne devrait voir aux affaires que des individualités capables d'aider à la création d'un établissement solide, fondé sur des rapports commerciaux et civilisateurs.

Mais voyons ce qu'il pourrait y avoir de salutaire à opposer à la continuation d'un tel ordre de choses, fatigant et dispendieux pour la France, et qui fait naître tous les ans cette nouvelle question renouvelée tant de fois depuis plus de huit années. Conservera-t-on l'Algérie? Si on la conserve, quelles seront ses limites, ses lois, et sous quel titre enfin la France gardera-t-elle sa conquête? Avant d'exprimer des pensées, fruits

de l'influence sur eux en affectant de prendre leur costume et leurs manières; mais ils n'ont pas été dupes de ces puérilités, qui ne servent qu'à leur donner une pauvre idée de notre bon sens.

Les Arabes se sont aperçus bien vite des petites intrigues qui, depuis cinq ans, s'agitent autour de nos généraux en chef; ils voient que chacun se dispute un pouvoir que personne ne sait tenir d'une main ferme; rien ne leur échappe. Ils connaissent tout aussi bien que nous les petits conflits de vanité et d'autorité qui s'élèvent sans cesse entre nos fonctionnaires, et à la vue de toutes ces petitesses, ils se demandent si ce sont là ces Français qui leur parurent si grands à la chute d'Alger-la-Guerrière.

Heureusement que dans les relations privées, le caractère français sympathise parfaitement avec celui des Arabes; ce qui établit entre eux et nous quelques liaisons particulières, qui pourront plus tard avoir d'heureux résultats pour notre cause, malgré les torts de notre politique. »

( *Annales Algériennes*, tome *I*, page 3o9. )

d'un long séjour en Barbarie, d'investigations, d'études minu-
tieuses pour découvrir les besoins réels, la vérité des avantages
de l'alliance de ces pays avec la France, il nous reste encore à
parler de la classe la plus nombreuse et la plus méritante : —
du soldat.

L'Algérie n'offre presque plus aux militaires que dégoût et
ennui. L'espoir d'être inscrits dans les fastes de la gloire ; ces
combats, entretenus pour fournir de temps en temps des bulletins à la France inquiète, ne sauraient leur faire attendre
patiemment la fin de leur mission en Afrique. On voit actuellement chaque bateau porter et ramener des cargaisons com-
plètes d'hommes rentrant en France et d'autres retournant
avec peine à l'expiration de leur congé. C'est un va et vient
continuel, que toutes les raisons possibles, toutes les défenses
ministérielles ne peuvent empêcher. Le besoin d'un officier,
d'une troupe se fait-il sentir dans un camp ou dans un lieu
éloigné ? Ce sont des réclamations, des rappels aux tours de
rôle, et mille débats pour se dispenser d'un service que l'on
traite de corvée. Au commencement de la conquête, il fallait,
au contraire, raisonner les mécontents qui réclamaient la faveur de marcher. Il est vrai que lorsque nos chefs militaires
ont quelques chances avantageuses dans les guerres d'Afrique,
des favorisés arrivent de Paris recueillir les palmes qu'ils ont
cultivées, et repartent aussitôt pour la France recevoir les
applaudissements de la foule, les ovations du vainqueur. Voilà
surtout la cause de ce découragement moral de l'armée ; quant
à son ennui, il prend sa source dans le peu d'intérêt que lui
offre le pays, qu'elle ne voit point en état de progrès, où elle
ne rencontre hors de la seule ville d'Alger, rien d'Européen qui
puisse l'attacher et lui faire oublier sa mère-patrie.

Pour mettre un terme à ce malaise, à ce chaos, où se perdent chaque année nos travaux et l'argent du trésor, le gouvernement pourrait fixer les limites de nos possessions, et les poser mieux qu'elles ne le sont aujourd'hui pour nos besoins militaires et industriels (1), en se réservant une large suzeraineté sur les provinces intérieures, que nous céderions à des chefs forcément intéressés à la cause de la France; en divisant, le plus possible, ces divers pouvoirs, afin d'être toujours à même de leur imposer des lois et de les détruire l'un par l'autre en cas d'urgence; car c'est ainsi qu'agirent, à toutes les époques, les Civilisés sur les Barbares; ils anéantirent la nationalité des vaincus pour régner sur eux en conciliateurs de leurs différends, en protecteurs de leurs intérêts. Ils excitèrent leurs haines individuelles, armèrent les partis décidés à se faire justice par la force, et attendirent leur destruction successive pour jeter un regard d'approbation sur le triomphateur consolidant la puissance étrangère qui le rendait esclave (2).

(1) Voyez note (1).

(2) « Ce qui nous irrite quelquefois contre les Arabes, c'est qu'ils nous laissent facilement apercevoir qu'ils se croient une valeur intrinsèque bien supérieure à la nôtre. Ils ne peuvent se dissimuler les avantages que nous avons sur eux par nos sciences, nos arts et les prodiges de notre industrie; mais à leurs yeux, tout cela ne constitue pas l'homme, et comme hommes ils se croient bien au-dessus de nous. Cette bonne opinion d'eux-mêmes est entretenue par la nature des relations que nous avons eues avec eux depuis 5 ans, et dans lesquelles nous nous sommes presque toujours montrés à notre désavantage. Elles ont presque toujours été décousues, sans suite, marquées au coin de l'ignorance et de l'irréflexion. Nos généraux ne se sont occupés des Arabes qu'à bâton rompu, sans système arrêté, jugeant que tout pouvait passer avec des gens dans lesquels ils ne voyaient que des machines tant soit peu irritables, et non des hommes de cœur et de sens. On leur a dit et écrit les choses les

L'inquiétude et l'instabilité naturelle du caractère arabe, qui depuis la conquête ne sait à qui se rallier, saisirait avec empressement un ordre de choses, qui, sans déroger aux habitudes, assurerait derrière les nouveaux chefs une protection pour toutes opérations commerciales, sur des voisins tracassiers ou voleurs comme il en surgit une quantité parmi ces peuplades, lorsque le pouvoir attend une main puissante et hardie. Les Arabes de toute l'Afrique reconnaissent la force de la France, et ils seraient prêts à se soumettre de bonne grâce à des conditions dont ils verraient d'avance les avantages, si la division entretenue parmi eux les ramenait à s'appuyer sur le centre, où convergeraient forcément les différentes pensées de leurs nouveaux chefs. Dans cet état de choses, les tribus qui se mêleraient à nos cultivateurs exploitant les terres dans le rayon vraiment français et soumis à nos lois, finiraient, avec le temps, par quitter leurs habitudes vagabondes, et propageraient l'industrie agricole chez leurs voisins. Une existence paisible les attacherait au sol de leurs habitations fixes, et, plus tard, comme nous en avons déjà l'exemple dans nos villes, ces Arabes subiraient des nécessités qui les rendraient à tout jamais nos sujets (1).

plus niaises, les plus dépourvues de raison, les plus contradictoires : aussi, nous sommes-nous souvent attiré de leur part de sanglantes railleries. »　　　　(*Annales Algériennes*, tome *I*, page 3o8.)

(1) « On regarde généralement comme un trait caractéristique de l'organisation morale des Arabes, un attachement non raisonné, mais absolu aux anciennes coutumes ; ils sont encore, dit-on, ce qu'ils étaient au temps d'Abraham, et rien n'annonce que l'avenir puisse amener le moindre changement dans leur manière d'être. Cette assertion est erronée, car chaque fois que les Arabes ont pu améliorer leur position, ils n'ont pas hésité à le faire. En Espagne, où ils trouvèrent une terre

Pendant que ces principes d'ordre et de travail germeraient dans nos limites, les Bédouins errants ou soumis à nos alliés pourraient arriver à établir une comparaison entre leur position toujours précaire, malheureuse, et celle de nos administrés. Les Arabes, peut-être de tous les peuples de la terre les plus capables de se livrer aux études difficiles, et d'acquérir promptement les connaissances qui en sont le fruit, ne manqueraient pas d'exercer leurs observations sur les douceurs d'une civilisation apportée, l'olivier d'une main et l'abondance de l'autre.

Notre territoire fixé, les ports de l'Algérie recevraient de ceux de France tous les produits qui s'achètent à l'étranger et qui passent dans l'intérieur de nos possessions, par la voie de Tunis d'un côté, et par celle de Tanger d'un autre. Ces peuples nous apporteraient d'abord les productions de leur pays, en attendant que la confiance une fois établie, les routes s'ouvrissent dans cette direction, avec les peuplades au-delà du désert, et que les caravanes qui venaient avant 1830 à cette côte, reprissent leurs anciennes coutumes.

Ces pensées, que nous exprimons ici, sont si voisines de

fertile, sous la protection de lois équitables et d'un gouvernement régulier, ils abandonnèrent leurs habitudes nomades et se fixèrent au sol par des habitations et des intérêts permanents. Il en fut de même en Afrique lorsque les circonstances le leur permirent. Quoiqu'ils aient toujours préféré, il est vrai, le séjour des campagnes à celui des villes, de nombreuses et florissantes cités s'établirent sous leur domination, ou furent restaurées par eux. Plusieurs familles arabes s'y mêlèrent, comme nous l'avons déjà dit, aux Maures qui en formaient la principale population : mais lorsque le gouvernement devint tyrannique, lorsque surtout il cessa d'être national, ils retournèrent à leurs tentes, parce qu'ils ont dans le caractère assez de dignité pour préférer l'indépendance au bien-être physique. »                    (*Ibid.*, *pages* 290 et 291.)

l'exécution, tendent si fort à être comprises de nos adversaires, qu'aujourd'hui l'état de Tripoli, où les caravanes
allaient échanger une partie de leurs produits, est fermé sans
espoir de retour à leur commerce, et que Tunis ne leur offre
plus cette sécurité de transactions qui existait avant les exigences de la Porte sur cette régence.

Alors, plus de guerres possibles; les Arabes trouveraient
un débouché à leurs produits, des avantages à se fournir chez
nous de ce que nécessitent leurs besoins, et la France n'aurait
bientôt plus qu'à entretenir quelques corps armés pour faire
respecter les lois et les droits de propriété individuelle; elle
n'aurait qu'à assurer, de concert avec les indigènes, la sûreté
des communications, et sous peu l'Afrique se lierait à nous
par des relations que nulle puissance humaine ne pourrait
rompre; de nouvelles richesses commerciales abonderaient
dans nos ports, et dans le cas d'une guerre, nous verrions
une population enthousiaste, guerrière par caractère, offrir ses
bras pour assurer la tranquillité de notre nouveau territoire (1).

(1) Dans toutes les villes de l'Algérie, nous avons actuellement de
jeunes Arabes au service comme sous-officiers et officiers indigènes, des
employés, des interprètes, et une quantité de Musulmans qui parlent le
Français aussi bien qu'à Paris, suivent nos habitudes, fréquentent nos
réunions, où ils se montrent fort spirituels, et surtout aimables sans
gaucherie; ne s'inquiétant que de nos amusements et de nos affaires, parlant de la France comme de leur patrie.

Les Maures, qui, au premier abord, paraissent s'accommoder le
mieux de notre autorité, sont, de tous les peuples musulmans de l'Algérie les plus éloignés d'accepter notre civilisation. Cette nation déchue,
chez laquelle la fourberie a remplacé la puissance, serait la plus à
craindre pour notre possession, si elle n'était frappée d'inertie, et si le
reste des peuples barbaresques n'avait pour elle le mépris dont ils accablent les hommes qui ont oublié l'usage des armes, et préfèrent la
tranquillité du négoce aux dangers de la guerre.

Au cas contraire, la France quittera l'Algérie à une époque subordonnée à des événements qui ne sauraient être mis en dehors de l'ordre des choses probables ; car sa possession, suivant le mode actuel, est trop onéreuse au trésor, et ne fonde rien de stable pour résister, en cas de guerre maritime ou continentale. Comme colonie, l'incertitude de l'avenir n'en fait déjà plus qu'une entreprise idéale dont les actionnaires semblent se retirer chaque jour. Plus tard, son occupation militaire pourra se borner à de petites garnisons ennuyées et dégoûtées d'un service oublié et sans but, et la nation française, insensiblement amenée au dénouement de la grande entreprise essayée sur les rivages de sa conquête de 1830, verra arriver sans étonnement le jour où ses vaisseaux ramèneront ses derniers soldats sur les côtes de Provence.

# NOTES.

—

## NOTE (a).

« Guelma, Gelma, ou Kelmak, suivant la prononciation des Turcs,
» est indubitablement la Calama si fort recherchée dans l'ancienne géo-
» graphie, située entre Hippo-Régius et Constantine, mais plus près de
» cette dernière, comme St. Augustin l'a remarqué. »

Avant d'arriver aux bords de la Seybouse, au delà de laquelle se
trouvent les ruines de Guelma, on traverse plusieurs restes de constructions antiques à moitié couvertes d'arbustes et de lierre ; les plus remarquables sont celles qui entourent les bains d'eaux thermales connus
sous le nom d'Hamman-Berda ou bains froids, pour les distinguer de
ceux des montagnes d'Askours, dont l'eau est constamment en ébulli-
tion à la source. Nul doute que ces lieux furent les séjours de plaisance
où les citoyens romains venaient oublier dans les délices l'éloignement
de leur mère-patrie. Les restes de constructions qui couvrent ce ruisseau
d'eau tiède, celles qui sont répandues à l'entour, laissent encore juger
de l'importance que ces maîtres en conquête et en colonisation avaient
donnée à ce lieu, et la vallée immense dans laquelle se trouvent ces
eaux, n'a probablement rien perdu de sa beauté naturelle et de sa fertilité : elle n'est que déparée de ces monuments qui rappellent la présence du génie, et qui pouvaient offrir à l'œil plongé dans l'immensité
de son étendue, des points de repos qui n'existent plus.

Après avoir traversé cette longue vallée d'une végétation remarquable, où l'on ne rencontre pour toute trace humaine que des restes
de bois brûlé qui indiquent que quelques Arabes ont reposé leur vaga-
bondage au milieu de ces prairies, on traverse la Seybouse ; un quart
d'heure après on entre à Guelma, en passant d'abord devant l'amphithéâtre, puis en suivant des sentiers bordés de pierres taillées formant
encore le pourtour des habitations auxquelles elles appartenaient.

Une fois entré à Guelma, à l'exception d'un énorme morceau de construction que l'on suppose avoir été un temple, et qui conserve quan-
tités d'arceaux et de voûtes suspendues dans l'air, toutes les pierres qui
assurément remplissaient le terrain du désordre de leurs éboulements,
ont été depuis longtemps employées à former les murailles d'enceintes.

qui existaient à notre arrivée. C'est autour de ces murs, que nous exhaussâmes avec de semblables matériaux, qu'il faut découvrir toutes les inscriptions que contiennent les débris de cette ville, tous ses souvenirs écrits.

Le lieu clos de murs que nous appelons Guelma, n'est donc qu'une petite portion de cette ancienne cité dont on voit les ruines s'étendre à une demi-lieue plus loin, et cette enceinte, dans laquelle nous dressâmes nos tentes, élevée probablement par les Sarrazins, n'a plus été habitée depuis la ruine de la Calama, c'est-à-dire depuis la chute de l'empire romain.

Les siècles ont dispersé à moitié ces débris, comme ils l'ont fait sur toute cette terre d'Afrique, couverte de tant de pages ignorées de l'histoire de la grande nation, et après de longues années de la civilisation de ces temps anciens, après tant de travaux gigantesques qui semblaient consacrer à jamais un pouvoir progressif dans ces contrées, la race indomptable et sauvage qui l'habite a débordé celle qui la traitait en esclave ; la barbarie de ces hordes, encore les mêmes, en détruisant le flambeau que leur avait apporté le génie du grand peuple, a replongé ce pays dans le dédale d'ignorance où il était auparavant. De Guelma, assise presqu'à l'extrémité de cette immense plaine que bordent les monts Mahona, la vue s'étend par une pente sensible dans un horizon de 7 à 8 lieues, et embrasse des forêts d'oliviers impénétrables, des plaines coupées de ruisseaux et d'une rivière, qui ne laissent aucun doute sur l'usage que les habitants de la Calama devaient faire de tant fertilité.

*Inscription trouvée à Announa, ruine romaine dans Ras-el-Akueba, route de Constantine.*

MAEMil
VSM-FO
PVDENS
VIA XVI
H·S·E

*Inscriptions trouvées à Guelma dans des travaux exécutés pendant le mois de janvier 1837.*

SHIVS-FUNDANVS NVTRIVIT-NATOS-DVO-IN PRIMA
AETATE-EX GERMANA CONIVGA-INSTVDIIS Q-MISITET
HONORES TRIBVITP TANTOS-SVMPTVS FRVITVS- NE
MINI-FVNERAVIT-NATOSETHANCCOLLIT IERA-SENEX·LA
BORANS-HAEC PERPE OMNIA-V-A GERMANA
CONIVNX-V·A. LXXX. SORORI-CONIVGIS OR
NAVIT·MEMORIA-HVLIAPRIM-V·A·LXXX AIEAS-VIATORI·LECTOR-MISCARMINIS.

IMP- CAESA-AVRE
LIOC CLAVDIO IN
VICTO PIO FELICI
AVG PONTIFICI
MAXIMO TRI
BVNICAE POTES
TATIS
DD. P . R.

HERCVLI- AVG
SACRVM
LVIBIVSSATVRNINVS
IIII- VIR AMILIVS AD
HONORARIAM S-VM
M PROMI
SISSET EX- IIS VIM
P S P
IDEMQ DEDIC

SE IVS- MARTI
LIVS- DEMANDAINA
GESTIS- HONORIBV
TA-S

SSIT
PARENTB
NI- R ICIN

ANNVVINA  |  SAC-TRIUMFAS  |  IMPER  |  US

NIEMBAS  |  RITAIE  |  NSTANII-VICIOR  |  VULATUCI

RAUC | REPERFECI | ES-KALBUR | OMNES-P | D-NNN-PR
| ESTR-I-OUA |

LIB-RVSTICIVUS |   OC  SC | V.VMVI | NCIMV | INIMIC

...SICIVSCR  |   STR  PA  |  CILEPROU  |  XRELIO
|   IV   INI  |                        |

......NSVIAI
...NELISVMMM
...SASIUVSCIRRI
NIANUS IL PPPCV
REIPCVMSPLIND
..ORDINE POSUI

V ALVICTRICEM CVMSIMULACRIS VICTORIARU
MFR-C-VENTIT  IMULTOLOCCOINISTASFDFRIV
...NSVLATV OVARTOINSCMAURELIARISTOBULI
...TORNAT PROVISIONES  SIISSMACRISSO
...LEC  VARTO  IVLIVSRVSTICI
...VISFIVRVI  IM   S    IVMSPLENDID
...IB     NS   ETLOCIV    P

```
...LIV        SRVS  I...
NOSTER-SACERDOTIIS VII
INTEMPLOMEMORIAM ST
TVAE-HERCULIS LOCATIONE
SIGNAVERITFIRMANTEVPCV
R . PACCEDENTEAVICTORIAT
    PROCONSULVM
```

| M· S· | D· M· S· |
|---|---|
| VALERIARES | MVRVS-SATURA |
| VIAPIA-V-A | NVS-IIVSVA |
| | IXX- |

## NOTE (b).

Ben-Aïssa, commandant de Constantine, nous a dit souvent, en parlant de la première expédition sur cette ville, que si nous étions restés quelques heures de plus dans nos positions, les habitants n'ayant aucun approvisionnement pour répondre à nos attaques, avaient résolu d'apporter les clefs au Maréchal, le matin même de notre départ.

Cette résolution, arrêtée en plein divan, nous a encore été confirmée par tous les habitants de Constantine que nous avons interrogés.

Ben-Aïssa nous a dit de plus, qu'il était si peu assuré, à nos mouvements de retraite, que nous quittions nos projets d'entrer en ville, qu'il avait fait défendre aux habitants de sortir, avant que nous ne soyons éloignés ; qu'au reste, si le premier jour, nous nous étions tous montrés sur les hauteurs de Mansourah, ils se seraient rendus de suite.

Cette espèce de succès ayant changé subitement la détermination des habitants de Constantine, aussitôt qu'ils eurent sacrifié à la joie du triomphe, ils se préparèrent à soutenir les nouvelles attaques que les Français pourraient diriger plus tard sur leur cité. Ils relevèrent ses batteries, dégagèrent la porte de son faubourg, et construisirent une muraille comme beaucoup de villes fermées n'en ont pas. Toutes les pièces furent placées sur les remparts, dans des batteries casematées, et des approvisionnements de poudre et de projectiles arrivèrent de la côte de Tunis remplir leurs magasins. Enfin, une quantité d'armes de tous genres fut fournie à cette cité, pendant l'année qui s'écoula entre notre retraite et la nouvelle expédition, et toutes les dispositions furent prises pour soutenir le siége le plus longtemps possible.

## NOTE (c).

### Entrevue d'Abd-el-Kader et du général Bugeaud. *

Le général Bugeaud, soutenu par une attitude imposante, a fini par triompher de nombreuses difficultés; et, après bien des allées et venues entre les deux camps, un traité lui fut apporté, revêtu, non pas de la signature, mais du cachet de l'Emir, parce que les Arabes ne signent jamais.

Le général Bugeaud fit alors proposer à Abd-el-Kader, pour le lendemain, une entrevue à trois lieues du camp français et à six ou sept de celui des Arabes. L'entrevue acceptée sans hésitation, le général Bugeaud se rendit le lendemain au lieu convenu, et il s'y trouvait à 9 heures du matin, avec six bataillons, son artillerie et sa cavalerie. C'était la première fois qu'il devait se trouver en face du chef arabe, autrement que les armes à la main. La conférence ne pouvait manquer d'offrir un grand intérêt, et ce fut, en effet, une des scènes les plus dramatiques que l'on puisse imaginer.

Le général Bugeaud, rendu à neuf heures sur le terrain avec les troupes dont il s'était fait accompagner et avec plusieurs officiers qui avaient demandé à le suivre, n'y trouva point l'Émir. Ce retard s'expliquait tout naturellement par la plus grande distance de son camp. Abd-el-Kader avait sept lieues à faire, tandis que le général français ne s'était éloigné que de trois lieues du gros de son armée. En conséquence, on ne s'en inquiéta point. Cinq heures se passèrent à attendre, sans voir arriver personne, sans que le chef arabe donnât signe de vie. Enfin, vers deux heures après midi, commencèrent à se succéder auprès du général français plusieurs Arabes avec qui on avait eu des relations les jours précédents, et qui apportaient les uns des paroles dilatoires, les autres des espèces d'excuses.

L'Emir avait été malade; il n'était parti de son camp que fort tard; peut-être demanderait-il que l'entrevue fût remise au lendemain; il n'était plus loin, et puis il était tout près, mais arrêté; enfin, un quatrième porteur de paroles engagea le général Bugeaud à s'avancer un peu, lui disant qu'il ne pouvait tarder à rencontrer Abd-el-Kader. Il était alors près de cinq heures; le général, qui voulait ramener les

* Relation extraite de la correspondance des journaux à l'époque du traité.

troupes au camp, et désirait en finir le jour même, se décida à se porter en avant, suivi de son état-major.

On marche sans crainte et sans défiance. Le chemin, qui était assez rude, suivait les détours d'une gorge étroite, entrecoupée de collines, et on ne voyait pas très-loin devant soi. Après avoir ainsi marché plus d'une heure sans rencontrer l'Emir, le général Bugeaud aperçoit enfin l'armée arabe au fond de la vallée, qui se rangeait en assez bon ordre, sur des mamelons épars, de manière à bien se mettre en évidence. En cet instant, le chef de la tribu des Oulassahs, Bouhamédy, vint au-devant de lui pour lui dire qu'Abd-el-Kader se trouvait près de là, sur un coteau qu'il lui montrait du doigt, et qu'il allait l'y conduire.

Le général et son escorte se trouvaient au milieu des postes avancés de l'ennemi, et quand même on aurait pu avoir quelques inquiétudes, il eût été inutile de reculer. D'ailleurs le général Bugeaud était entiè-rement rassuré; mais quelques signes d'hésitation s'étant manifestés autour de lui, le Kabyle lui dit : « Soyez tranquille, n'ayez pas peur. — Je n'ai peur de rien, lui répondit le général, et je suis accoutumé à vous voir; mais je trouve indécent de la part de ton chef de me faire attendre si longtemps et venir si loin. — Il est là, vous allez le voir tout à l'heure. »

Cependant il fallut encore marcher près d'un quart d'heure avant de le rencontrer. On fit bonne contenance, et enfin on aperçut l'escorte de l'Emir qui s'avançait du côté de la petite troupe en tête de laquelle marchait le général Bugeaud. L'aspect en était imposant : on pouvait y compter 150 ou 200 chefs marabouts, d'un physique remarquable, que leur majestueux costume relevait encore. Ils étaient tous montés sur des chevaux magnifiques qu'ils faisaient piaffer et qu'ils enlevaient avec beaucoup d'élégance et d'adresse. Abd-el-Kader lui même était à quel-ques pas en avant, monté sur un beau cheval noir qu'il maniait avec une dextérité prodigieuse, tantôt il l'enlevait des quatre pieds à la fois, tantôt il le faisait marcher sur les deux pieds de derrière. Plusieurs Arabes de sa maison tenaient les étriers, les pans de son bournous, et, je crois, la queue de son cheval.

Pour éviter les lenteurs du cérémonial et lui montrer qu'il n'avait aucune appréhension, le général Bugeaud lance aussitôt son cheval au galop, arrive sur lui, et, après lui avoir demandé s'il était Abd-el-Kader, lui offre cavalièrement la main, que l'Emir prend et serre par deux fois. Celui-ci lui demande alors comment il se portait. — Fort bien, répond le général, en lui faisant la même question; et, pour abréger tous ces préliminaires, ordinairement fort longs chez les Arabes, il l'invite à mettre pied à terre pour causer plus commodément. L'Emir descend de cheval et s'assied, sans engager le général Bugeaud à en faire autant. Alors le général Bugeaud s'assied auprès de lui sans façon. La musique, toute composée de hautbois criards, se met alors à jouer de manière à empêcher la conversation. Le général Bugeaud lui fait signe de se taire; elle se tait, et la conversation commence.

Abd-el-Kader est pâle, il ressemble assez au portrait qu'on a donné traditionnellement de Jésus-Christ. Sa bouche est grande, les dents sont mal rangées et peu blanches, les yeux et la barbe sont châtains, le crâne est bien développé. Sa physionomie, dans son ensemble, accuse une dévotion peut-être légèrement affectée. Son costume n'offre aucune différence avec celui des Arabes les plus vulgaires; ses vêtements étaient, ce jour-là du moins, sales, grossiers, et aux trois quarts usés. Il y a là encore une certaine recherche de simplicité.

— Sais-tu, lui dit le général Bugeaud, qu'il y a peu de généraux qui eussent osé faire le traité que j'ai conclu avec toi. Je n'ai pas craint de t'agrandir et d'ajouter à ta puissance, parce que je suis assuré que tu ne feras usage de la grande existence que nous te donnons que pour améliorer le sort de la nation arabe et la maintenir en paix et en bonne intelligence avec la France. — Je te remercie de tes bons sentiments pour moi, a répondu Abd-el-Kader, si Dieu le veut, je ferai le bonheur des Arabes, et si la paix est jamais rompue ce ne sera pas de ma faute. — Sur ce point, je me suis porté ta caution auprès du roi des Français. — Tu ne risques rien à le faire, nous avons une religion et des mœurs qui nous obligent à tenir notre parole, je n'y ai jamais manqué. — Je compte là-dessus, et c'est à ce titre que je t'offre mon amitié particulière. — J'accepte ton amitié, mais que les Français prennent garde à ne pas écouter les intrigants! — Les Français ne se laissent conduire par personne, et ce ne sont pas quelques faits particuliers commis par des individus, qui pourront rompre la paix: ce serait l'inexécution du traité ou un grand acte d'hostilité. Quant aux faits coupables des particuliers, nous nous en préviendrons, et nous les punirons réciproquement. — C'est très-bien, tu n'as qu'à me prévenir, et les coupables seront punis. Je te recommande les Koulouglis qui resteront à Tlémecen. — Tu peux être tranquille, ils seront traités comme les Hadars. Mais tu m'as promis de mettre les Douairs dans le pays de Hafra (partie des montagnes entre la mer et le lac Segba). — Le pays de Hafra ne serait peut-être pas suffisant, mais ils seront placés de manière à ne pouvoir nuir au maintien de la paix.

— As-tu ordonné, reprit le général Bugeaud, après un moment de silence, de rétablir les relations commerciales à Alger et autour de toutes nos villes ? — Non, je le ferai dès que tu m'auras rendu Tlémecen. — Tu sais bien que je ne puis le rendre que quand le traité aura été approuvé par mon roi. — Tu n'as donc pas le pouvoir de traiter ? — Si, mais il faut que le traité soit approuvé: c'est nécessaire pour ta garantie, car s'il était fait par moi tout seul, un autre général qui me remplacerait pourrait le défaire; au lieu qu'étant approuvé par le roi, mon successeur sera obligé de le maintenir. — Si tu ne me rends pas Tlémecen, comme tu le promets dans le traité, je ne vois pas la nécessité de faire la paix, ce ne sera qu'une trêve. — Cela est vrai, ceci peut n'être qu'une trêve; mais c'est toi qui gagnes à cette trêve, car pendant le temps qu'elle durera, je ne détruirai pas les moissons. — Tu peux les détruire, cela nous est égal; et à présent que nous avons fait la paix, je te donnerai par écrit l'autorisation de détruire tout ce que tu pourras; tu ne peux en détruire qu'une bien faible partie, et les Arabes ne manquent pas de grain. — Je crois que les Arabes ne pensent pas tous comme toi, car je vois qu'ils désirent bien la paix, et quelques-uns m'ont remercié d'avoir ménagé les moissons, depuis la Schika jusqu'ici, comme je l'avais promis à Amady-Sakal. — Abd-el-Kader sourit d'un air dédaigneux, et demanda ensuite combien il fallait de temps pour avoir l'approbation du roi des Français. — Il faut trois semaines. — C'est bien long. — Tu ne risques rien : moi seul pourrais y perdre. Son kalife, Ben-Harach, qui venait de se rapprocher, dit alors au général : « C'est trop long, trois semaines; il ne faut pas attendre cela plus de dix à quinze jours. — Est-ce que tu commandes à la mer? répliqua le général français. — Eh bien! en ce cas, reprit Abd-el-Kader, nous ne rétablirons les relations commerciales qu'après que l'approbation du roi sera arrivée et quand la paix sera définitive. — C'est à tes coreligionnaires que tu fais le plus de tort, car tu les prives du commerce dont ils ont besoin : et nous, nous pouvons nous en passer, puisque nous recevons par la mer tout ce qui nous est nécessaire. »

Le général ne crut pas devoir insister davantage, et demanda si le détachement qu'il avait laissé à Tlémecen avec quelques bagages pourrait en sûreté le venir rejoindre à Oran, ce à quoi Abd-el-Kader répondit affirmativement. Le général s'était levé, mais l'Emir restait assis, et d'un air qui semblait indiquer quelque prétention à faire tenir le général français debout devant lui. Mais il n'y en eut pas pour longtemps. Le général lui dit sans façon que quand il se levait, lui général Bugeaud, son interlocuteur devait en faire autant, et sans attendre la réponse, il lui prit la main en souriant et l'enleva de terre, au grand étonnement des Arabes qui, trouvaient sans doute le procédé un peu leste, et ouvraient de fort grands yeux. Cette main, que le général Bugeaud tint alors dans la sienne, est jolie, mais petite et faible; et l'homme lui-même ne paraît pas très-robuste.

Il était tard, Abd-el-Kader et le général Bugeaud se dirent adieu et se quittèrent, le premier salué par les cris de joie de sa nombreuse escorte, qui retentirent majestueusement le long des collines et furent répétés par toute son armée. Au même moment éclata un long et violent coup de tonnerre, dont les échos multipliés ajoutèrent à tout ce que cette scène avait d'imposant. Le cortége frémit, des cris d'admiration se firent entendre, et on rejoignit les troupes amenées par le général, en continuant à s'entretenir du chef arabe et du beau spectacle auquel on avait assisté, et que pas une des personnes présentes n'oubliera de sa vie.

Des témoins oculaires ont évalué à près de 10,000 chevaux l'armée d'Abd-el-Kader, massée en grande profondeur depuis la base jusqu'au sommet des mamelons épars dans la vallée, sur une ligne de plus d'une demi-lieue. Mais elle n'offrait pas de traces bien sensibles d'une organisation et d'une discipline sans lesquelles le nombre n'est rien à la guerre.

Le général Bugeaud retrouva sa petite troupe, qu'il avait laissée à plus d'une lieue en arrière, un peu inquiète de son aventureuse expédition; et déjà, quand il reparut avec son escorte, on examinait s'il ne serait pas à propos de se porter en avant, pour le soutenir à tout hasard. Malgré les 10,000 hommes d'Abd-el-Kader, le général estimait que les chances n'eussent pas été trop inégales. « Cette multitude, disait-il, ne fait rien à l'affaire; il n'y a là que des individualités et pas de force d'ensemble. Nous en aurions bien vite raison avec nos six bataillons d'infanterie de ligne et notre artillerie. »

Ainsi se termina cette journée, qui laissera des souvenirs ineffaçables. Elle a prouvé qu'Abd-el-Kader voulut sérieusement la paix, et maintenant, si cette paix est ratifiée, comme tout l'annonce, elle signalera pour nos troupes, non moins intelligentes que braves, et pour le génie organisateur de nos officiers de l'armée d'Afrique, le commencement d'une ère nouvelle et féconde.

## NOTE (d).

### Relation détaillée de l'assaut et de la prise de Constantine, le 13 octobre 1837;

PAR M. LE MARQUIS DE LA TOUR-DU-PIN,

Capitaine au corps royal d'état-major.

Il était sept heures, tout était prêt : le colonel Lamoricière et les premières compagnies de Zouaves se tenaient collés contre l'épaulement de la batterie de brèche, la tête de la colonne appuyée à l'ouverture qu'on avait ménagée dans le parapet. Le duc de Nemours, qui, dès l'origine, avait été nommé commandant du siége, donne, d'après l'ordre du général en chef, le signal de l'assaut. Aussitôt, le colonel Lamoricière et des officiers du génie et de Zouaves, suivis de leurs troupes, sortent rapidement du retranchement avec une sorte d'impétuosité contenue et disciplinée, et se portent au pas de course jusqu'au pied de la brèche. En un instant, malgré la raideur de la pente et les éboulements des terres et décombres qui manquaient et croulaient, à chaque mouvement sous les pieds et les mains des assaillants, elle est escaladée, on pourrait dire plutôt à la faveur qu'en dépit des coups de fusils des assiégés ; car, dans certaines circonstances, le danger est un aide et non un obstacle. Bientôt le drapeau tricolore, que portait le capitaine Garderens, des Zouaves, est planté sur la crête de la brèche. Dès que les premières têtes des Français s'élançant de la batterie s'étaient montrées en dehors de l'épaulement, le couronnement des remparts avait comme pris feu ; une fusillade continue s'était allumée le long de cette ligne, et tout l'espace que nos soldats avaient à parcourir de la batterie à la brèche était incessamment sillonné de balles : bien peu d'hommes cependant furent atteints dans ce trajet. Le pied, la pente et une petite plate-forme au-dessus de la brèche étaient garantis, à droite, des feux de flanc, par un massif de maçonnerie antique, resté debout comme contre-fort du rempart moderne, au-dessus duquel il se prolongeait à une assez grande hauteur ; c'était, entre deux périls, comme un petit port où les colonnes d'attaque pouvaient se reformer : l'effort, pour gravir le rude talus, s'accomplissait au moins sans autres difficultés que celles qu'opposait le terrain. On arrive au sommet de la brèche ; là, on trouve quelque chose de plus terrible, de plus sinistre que la présence de l'ennemi; une énigme dévorante, toute prête à engloutir qui ne la devinerait pas ; ce

sont des constructions incompréhensibles ; des enfoncements qui pro-
mettent des passages et qui n'aboutissent pas, des apparences d'entrée
qui n'amènent aucune issue, des rentrants et des saillants embrouillés
comme à plaisir, des semblants de maisons dont on ne sait où prendre
le sens, où prendre la face, et, pour ainsi dire, un mirage périlleux qui
offre l'image décevante d'un angle de ville, et où l'on ne peut rien saisir
de ce qui constitue une ville réelle. Mais les balles de l'ennemi connaissent la route ; elles arrivent sans qu'on sache par où elles passent ;
elles frappent sans qu'on puisse leur répondre. Enfin, après avoir bien
fouillé le terrain, la compagnie à laquelle avait été assigné le rôle d'o-
pérer sur la droite, ayant traversé un petit plateau formé de décombres
amoncelés, aperçoit au-dessous d'elle, et au pied du grand édifice orné
d'une arcadure qu'on remarquait du Coudiat-Aty, une des batteries non
casematées du rempart, dont les canonniers restent fermes et prêts à
défendre leurs pièces. D'après l'ordre de leur commandant, le capitaine
Sanzai, tué quelques instants après, les Zouaves, sans tirer un seul coup
de fusil, se précipitent à la baïonnette sur l'ennemi, malgré la décharge
terrible que celui-ci fait, presque à bout portant, de derrière un ressaut
de terrain qui le protégeait, et malgré le feu bien nourri qui part des
créneaux pratiqués dans la grande maison. Plusieurs Zouaves sont tués
ou blessés, et le lieutenant de la compagnie a le bras fracassé de trois
balles ; mais les défenseurs expient chèrement leur audace. Soit qu'étonnés
par l'impétuosité de l'attaque, ils n'aient pas le temps de se reconnaître,
soit qu'ils eussent résolu de mourir à leur poste, ils ne cherchent pas à
fuir et se font tuer tous dans leur batterie. Devant elle, la compagnie
victorieuse voit encore des ennemis : plus loin, le long du rempart,
dans un terrain inférieur, au-delà de l'angle de l'édifice et près d'une
seconde batterie, d'autres canonniers turcs se tiennent postés derrière
une barricade qu'ils avaient formée avec une charrette et des affûts
brisés, et semblent décidés à soutenir le choc des assaillants. Mais ceux-
ci ne se laissent pas emporter par l'entraînement de leurs succès et de
leurs périls récents dans le piége qui leur est offert ; s'ils s'engagent plus
avant dans cette voie, ils vont être pris en flanc et à dos par les feux
du grand bâtiment ; ils le sentent, et, retournant sur leurs pas, ils vont
chercher à pénétrer dans la maison pour en débusquer les défenseurs,
et assurer ainsi leurs derrières avant de continuer à poursuivre l'ennemi
de poste en poste dans la direction qui leur était indiquée. En effet,
revenus à leur point de départ, ils finissent par découvrir, derrière les
débris qui l'encombraient, l'entrée de ce vaste poste, dont la prise était
devenue nécessaire. La porte est enfoncée, quelques Arabes sont tués en

se défendant, d'autres en fuyant ; mais le plus grand nombre, sans résister, s'échappe, on ne sait par quelles issues. Maîtres de ces grandes
constructions, qui se trouvaient être des magasins à grains, les Zouaves
et les soldats du génie ne s'amusent pas à combattre de loin les hommes
de la barricade, que des créneaux nouvellement conquis ils pouvaient
prendre de flanc et en écharpe ; ils descendent par plusieurs fenêtres, à
l'aide d'échelles qu'on avait fait apporter, et marchent droit sur l'ennemi, la baïonnette en avant. Celui-ci voyant sa position tournée, se
montre moins résolu à mourir fièrement que n'avaient été les canonniers
de la première batterie. Quelques-uns se font tuer en combattant ; mais
la plupart se dérobent par les faux-fuyants : ce fut la dernière résistance
de front qu'eut à essuyer la colonne de droite. Après ce second succès,
les sapeurs du génie et les soldats de différentes armes qui suivent cette
veine, cheminent avec de grandes difficultés, perçant des pans de muraille, se créant avec la hache des communications plutôt qu'ils n'en
trouvent, et recevant des coups de fusil sans pouvoir en rendre ; mais
ils ne rencontrent plus l'ennemi pour leur barrer le chemin et les forcer
à lui passer sur le corps. Ils venaient de parvenir à la première porte
à droite de la brèche et s'apprêtaient à l'ouvrir quand les hostilités
cessèrent.

C'est en face de la colonne du centre qu'étaient le nœud des difficultés
et le principal foyer de la résistance et du péril : le colonel Lamoricière
dirigeait plus spécialement cette attaque. On fut longtemps à s'agiter
dans l'étroit espace que nos boulets avaient déblayé au haut de la brèche,
sans comprendre quelle communication pouvait exister sur ce point,
entre le terre-plein du rempart et l'intérieur de la ville. Le canon avait
créé un terrain factice de terres remuées et de décombres qui, se su-
perposant au sol primitif, avait envahi les issues, obstrué les portes, et
défiguré entièrement l'état des localités ; la direction des balles semblait
indiquer que les toits étaient leur point de départ. Le colonel Lamoricière fait aussitôt apporter des échelles, et, montant sur la toiture d'une
maison dont nous occupions le pied, il dispose au-dessus des combats
de terre ferme comme une couche supérieure de combats aériens. Le
capitaine Sanzai, arrivant pour remplacer le colonel dans cette organisation, reçoit une balle mortelle. Après avoir sondé plusieurs couloirs
qui paraissent des amorces de rues, mais qui n'aboutissent point, on
finit par en rencontrer un qui, s'élargissant au bout de quelques pas,
présente des caractères d'importance et de destination ultérieure. Des
deux côtés sont pratiqués de ces enfoncements carrés qui, dans les villes
d'Afrique et d'Orient, servent de boutiques ; la plupart sont à moitié

9

fermés par des planches et des espèces de volets. On entre dans ce passage, mais à peine quelques soldats y sont-ils engagés, qu'une double décharge, partant de ces niches de droite et de gauche, avertit qu'elles servent de lieux d'embuscade à l'ennemi. Mais celui-ci, qui avait cru arrêter par sa fusillade la marche des assaillants, les voyant arriver droit sur lui la baïonnette en avant, et n'ayant plus d'autre défense que son yatagan, depuis qu'il s'était dégarni de son feu, se précipite hors de ces trous sans issues qui, au lieu d'être des abris pour lui, devenaient des piéges. Plusieurs de ces fuyards sont tués, d'autres échappent et disparaissent comme s'ils eussent pu s'enfoncer en terre ou percer les murs. On avance, et après avoir fait quelques pas, on se trouve en face d'une porte; une arche de maçonnerie traversait la ruelle, et de solides battants en bois ferrés en fermaient le passage. Rien n'avait fait soupçonner l'existence de cet obstacle, dont on s'explique difficilement le but; il paraît qu'une ligne continue de maisons, régnant le long et en dedans de la muraille, était considérée comme une seconde enceinte qui, par cette porte, se mettait en rapport avec le rempart ou s'en isolait. En frappant à coups de hache et de crosses de fusil les battants, on reconnaît qu'ils ne sont pas fixés par des fermetures permanentes, et que, maintenus seulement par des étais mobiles, ils étaient destinés à donner facilement passage aux défenseurs, soit pour la retraite, soit pour un mouvement offensif. Cependant, comme on craint l'impuissance des moyens qu'on a d'abord employés pour forcer ce passage, on fait approcher des sacs de poudre, dont plusieurs soldats du génie avaient été chargés pour de semblables circonstances; mais, avant d'être forcé de recourir à cette ressource extrême, on parvient à entrouvrir un des battants. Les Arabes, réunis à flots pressés dans la rue, en arrière de la porte; guettaient ce moment et tenaient leurs armes prêtes; dès qu'ils voient jour à tirer, ils font une décharge générale, et font pleuvoir les balles dans notre colonne. Le capitaine du génie Leblanc a la cuisse fracassée d'un coup de feu qui fut mortel, et plusieurs soldats sont atteints. Alors le capitaine Desmoyen, des Zouaves, se précipite sur le battant pour le refermer, et, pendant qu'il fait effort sur cette masse, il est frappé, dans la gorge, d'une balle qui le jette blessé mortellement, mais respirant encore, sous le coup d'autres périls plus terribles, au milieu desquels il succomba bientôt.

A quelques pas en arrière de cette scène s'en passait une marquée d'un caractère plus lugubre. Un petit bâtiment en saillie, dont le pied avait été miné par les boulets, resserrait un étroit passage tout engorgé d'une foule de soldats. Soit par l'effet de l'ébranlement qu'occasionnaient les mouvements tumultueux et irréguliers de la troupe, soit par suite d'une machination de l'ennemi et d'une pression qu'il aurait volontairement exercée par derrière sur ce pan de maçonnerie, toute une face du mur ruiné s'écroula. Cette calamité frappa surtout les troupes du 2ᵉ. léger : plusieurs hommes furent blessés ou entièrement ensevelis. Le chef de bataillon Sérigny, pris sous les décombres jusqu'à la poitrine, vécut encore quelques instants dans une agonie désespérée, implorant à cris étouffés un secours qu'on n'eut pas le temps de lui donner, s'épuisant douloureusement en efforts impuissants pour remuer la masse sous laquelle il périssait, et sentant tout ce qui restait d'entier dans son corps se briser peu à peu.

A peine cet accident venait-il de s'accomplir, qu'un autre encore plus terrible éclata. Le feu des tirailleurs placés sur les toits, et peut-être la crainte d'une attaque à l'arme blanche avaient dissipé la multitude d'ennemis ramassés d'abord dans la rue en arrière de la porte. On put bientôt songer à dépasser cet obstacle et à s'avancer dans la direction centrale ; et déjà, pour éclairer et assurer les voies, le colonel Lamoricière venait de lancer en avant un peloton du 2ᵉ. bataillon d'Afrique. Tout à coup ceux qui étaient sur le théâtre de ces événements sentent comme tout leur être s'écrouler. Ils sont étreints et frappés si rudement dans tous leurs sens à la fois, qu'ils n'ont pas conscience de ce qu'ils éprouvent ; la vie, un instant, est comme anéantie en eux. Quand ils ressaisissent quelque connaissance, il leur semble qu'ils enfoncent dans un abîme ; la nuit s'est faite autour d'eux, l'air leur manque, leurs membres ne sont pas libres, et quelque chose d'épais, de presque solide et de brûlant les enveloppe et les serre. Beaucoup ne sortent de ce premier étourdissement qu'avec des douleurs aiguës ; le feu dévore leurs chairs ; le feu attaché à leurs habits les suit et les ronge ; s'ils veulent faire un effort avec leurs mains, ils trouvent leurs mains brûlées ; si, reconnaissant que le jour renaît et augmente autour d'eux, ils cherchent à distinguer où ils sont, et ce qui les environne, ils s'aperçoivent que leurs yeux ne voient plus ou ne voient qu'à travers un nuage. Plusieurs ne font que passer des angoisses de la première secousse à celles de l'agonie. Quelques-uns, dépouillés de leurs vêtements, dépouillés presque entièrement de leur peau, sont pareils à des écorchés ; d'autres sont dans le délire ; tous s'agitent au hasard et avec des clameurs inarticulées. Cependant les premiers mots qui se font entendre distinctement sont ceux : En avant ! à la baïonnette ! prononcés d'abord par les plus valides : répétés ensuite comme d'instinct par ceux même qui n'en comprennent plus le sens. Une explosion venait d'avoir lieu.

Le premier et principal centre de cette explosion paraît avoir été auprès de la porte ; mais, à en juger par l'étendue du terrain bouleversé et par le nombre d'accidents semblables qui se reproduisirent autour de différents points assez distants les uns des autres, on peut croire qu'il s'alluma dans une succession rapide de plusieurs foyers. Probablement les assiégés avaient, auprès du lieu où se trouvait la tête de notre colonne, un magasin à poudre auquel le feu prit par hasard, plutôt qu'en exécution d'un dessein prémédité de l'ennemi. Lorsque l'air fut en conflagration, les sacs à poudre que portaient sur leur dos plusieurs soldats du génie, durent s'enflammer et multiplier les explosions. Les cartouchières des soldats devinrent aussi, sur une foule de points, des centres ignés, dont les irradiations, se croisant et se heurtant dans tous les sens, remplirent de feu et de scènes horribles tout ce grand cercle de calamités. Sous tant de chocs, sous l'action de tant de forces divergentes, le sol avait été remué et s'était creusé ; la terre en avait été arrachée et s'était élevée en tourbillons dans l'air, des pans de murs s'étaient renversés, l'atmosphère s'était comme solidifiée, on ne respirait que du sable et une poussière de débris ; le feu semblait pénétrer par la bouche, par les narines, par les yeux, par tous les pores. Il y eut quelques moments de confusion, on ne savait où était le péril ; en voulant le fuir, ceux qui étaient hors de sa sphère d'action venaient s'y jeter, et d'autres qui auraient pu y échapper s'en laissaient atteindre, croyant que tout terrain était miné, que toute muraille allait s'abîmer sur eux, et que se mouvoir c'était se jeter au-devant de la mort. Les assiégés, qu'on venait d'écarter des lieux les plus voisins du cratère de cette éruption, eurent moins à en souffrir, et, profitant du trouble dans lequel les assaillants étaient restés sous le coup de cette catastrophe, ils revinrent dans la rue qu'ils avaient naguère abandonnée, lâchèrent plusieurs bordées de tromblons et d'autres armes à feu sur les groupes à demi brûlés et à demi terrassés par l'explosion, qui étaient entassés autour de la porte, et, après avoir ainsi achevé de briser ce qui était encore assez entier, assez consistant pour se défendre, ils s'approchèrent et hâchèrent à coups de yatagan tout ce qui respirait encore, et jusqu'aux cadavres.

Cependant, une fois le premier instant d'étonnement passé, et dès que le voile épais de fumée et de poussière qui dérobait le jour se fut un peu abaissé, ceux qui étaient en état de soutenir et de se servir de leurs armes, quoique bien peu d'entre eux fussent intacts, se portèrent d'eux-mêmes aux postes qu'il était le plus important d'occuper. La seconde colonne d'assaut fut envoyée pour appuyer la première, dès que celle-ci s'étant creusé un sillon dans la ville, se fut écoulée, laissant la brèche libre et dégagée. Le colonel Combes arrivait avec les compagnies du 47e. et de la légion étrangère, presque au moment où ce sinistre venait d'avoir lieu; il prit le commandement que le colonel Lamoricière, blessé et privé de la vue dans l'explosion, avait, depuis quelques instants, cessé d'exercer; et, après avoir reconnu l'état des choses et disposé une partie de ses hommes de manière à assurer la conservation de ce qui était acquis, il songea à agrandir le rayon d'occupation. Les ennemis, revenus de leur premier élan d'audace à mesure que nous avions secoué la poussière des décombres, s'étaient retirés un peu en arrière, mais sans sortir de la rue par laquelle nous voulions nous ouvrir un passage. Ils étaient embusqués presque en face de la porte, derrière un amas de débris et de cadavres qui formaient une espèce de barricade; de là ils faisaient un feu meurtrier, et il devenait nécessaire de les expulser au plus tôt de cette position par un coup de vigueur. Le colonel Combes ordonne à une compagnie de son régiment d'enlever cette barrière, en promettant la croix au premier qui la franchira. La compagnie se précipite contre le retranchement, et déjà le lieutenant s'élançait par-dessus, lorsqu'il tombe sous une décharge générale des ennemis. Cependant cet officier n'était pas atteint; ayant trébuché contre un obstacle, il avait plongé au-dessous de la direction des balles, et ceux qui étaient un peu en arrière essuyèrent le feu. Le capitaine fut frappé mortellement, et plusieurs soldats furent tués ou blessés. Ce fut à peu près en ce moment que le colonel Combes, qui veillait sur l'opération, fut atteint coup sur coup de deux balles, dont l'une avait frappé en plein dans la poitrine. Après s'être assuré de la réussite complète du mouvement qu'il avait ordonné, il se retira lentement du champ de bataille, et seul, calme et froid, il regagna la batterie de brèche, rendit compte au général en chef de la situation des affaires dans la ville, et ajouta quelques simples paroles, indiquant qu'il se sentait blessé mortellement. A le voir si ferme dans sa démarche, si naturel dans son attitude et ses paroles, on n'aurait jamais supposé que ce fût là un homme quittant un lieu de carnage pour aller mourir. Il y avait dans cette scène quelque chose de la gravité, de la fierté sereine, de la beauté austère des trépas antiques, moins la solennité théâtrale.

A mesure que de la batterie de brèche on observait que la colonne des troupes déjà entrées dans la ville diminuait de longueur et disparaissait des lieux qui étaient en vue, on envoyait des troupes nouvelles, par fractions peu considérables, afin qu'elles pussent remplir les vides qui se formaient, et fournir aux exigences successives de la position, mais sans gêner les mouvements ni encombrer le théâtre de l'action. La troisième colonne, sous les ordres du colonel du 17e. léger, était déjà tout entière dans la place, et cependant le cercle des opérations n'avait encore acquis qu'une extension médiocre. La disparition des deux chefs, le colonel Lamoricière et le colonel Combes, qui les premiers avaient conduit le mouvement, avait laissé le commandement flottant et incertain. Les soldats, ne voyant aucun but qui leur fût désigné, aucune direction qui leur fût positivement indiquée, toujours audacieux à braver le péril, mais irrésolus sur la manière de l'attaquer, et de le faire reculer, s'exposaient beaucoup et avançaient peu, et perdaient du temps à se faire tuer. A gauche de la rue dont on faisait la grande ligne d'attaque, débouchait une rue transversale par laquelle arrivait sur le flanc gauche des assaillants un feu terrible. On s'opiniâtra longtemps à opposer sur ce point les coups de fusil aux coups de fusil ; mais dans cette lutte on ne pouvait parvenir à prendre le dessus sur un ennemi qui ne tirait qu'abrité par les murs des maisons ou par des saillies de bâtiments. Cependant, la position sur laquelle il semblait posé si solidement était minée sourdement et allait manquer sous lui. Une compagnie de Zouaves, appuyée de sapeurs du génie, avait abandonné la guerre des rues, qui est périlleuse et infructueuse pour l'assaillant, et avait commencé à faire la guerre de maisons, où les avantages sont à peu près égaux pour les deux partis. Une autre compagnie du même corps, se jetant absolument à gauche tout en débouchant de la brèche, avait poussé une attaque entièrement symétrique à celle qui avait été, dès le commencement, dirigée contre les batteries de la droite. Elle avait aussi trouvé des canonniers turcs qui s'étaient défendus jusqu'à la mort, dans une batterie casematée. De là elle avait cheminé lentement, péniblement, et souvent comme à l'aveugle, par des ruelles, des cours de maisons, des communications secrètes ; fréquemment le fil de la direction se perdait, et, pour le retrouver, il fallait percer des murs et briser des portes à coups de hache et de crosses de fusil, conquérir le passage sur des obstacles de nature inerte. Mais une fois que l'on eut effrayé la défense de ce côté, en lui faisant si chèrement expier ses efforts à la batterie, elle ne se montra plus, sur cette route, que timide et incertaine, soit que les ennemis craignissent, en s'attardant sur la circonférence, de se trouver serrés entre les différentes lignes de Français qui se raméfiaient dans la ville, soit que les plus résolus et les plus vaillants s'étant concentrés vers le cœur, il ne fût plus resté aux extrémités que les parties de la population les moins chaleureuses, les moins vives et les moins consistantes.

En s'avançant ainsi sans trop s'écarter du rempart, les Zouaves gagnaient, sans la connaissance des lieux et sous la seule influence de leur heureuse inspiration, la rue qui conduit à la Casbah, une des grandes voies de communication de la ville, celle qui passe par tous les points culminants de la position, la vraie route stratégique au travers de ce pays ennemi. S'il leur avait été donné quelques instants de plus avant que les habitants cessassent les hostilités, ils allaient prendre à revers les assiégés dans tous les postes où ceux-ci tenaient tête à notre attaque centrale, et, les menaçant de leur couper la retraite, ils jetaient parmi eux l'épouvante et leur ôtaient toute force pour résister plus longtemps.

Enfin, une troisième compagnie de Zouaves, prenant une direction intermédiaire entre le rempart et la rue centrale, pénétrait de maisons en maisons, et contribuait à éteindre ou à éloigner le feu de l'ennemi sur la gauche de la grande attaque. Elle arriva ainsi à un vaste magasin à grains, où elle rencontra une résistance assez vive. L'opiniâtreté avec laquelle ce bâtiment était défendu fit supposer qu'il y avait près de là quelque centre d'action. En effet, après être entré de vive force dans ce poste, en passant sur le corps de plusieurs Turcs et Kabayles, qui se firent tuer, on parvint, par des passages intérieurs et des escaliers de communication, à la porte d'une maison d'où s'échappait un bruit de voix et de pas annonçant qu'elle était fortement occupée; et une saisissante odeur de parfums indiquait que c'était là sans doute l'habitation d'un personnage opulent et distingué. On ouvrit la porte, et, avant qu'on eût eu le temps de reconnaître que toutes les galeries de l'étage supérieur étaient garnies de canons de fusils braqués sur l'entrée, il se fit une grande décharge de toutes ces armes. Le capitaine de la compagnie était en tête de la colonne entre un sous-officier et un soldat; ceux-ci furent l'un tué et l'autre blessé, le capitaine seul ne fut pas atteint. Il referma la porte et la fit percer de trous, dont on se servit comme de créneaux pour tirer sur les défenseurs de la cour intérieure. Lorsqu'on remarqua que leurs rangs étaient éclaircis et leur résolution ébranlée par les balles, on fit irruption dans la maison. La plupart des ennemis s'échappaient, quelques-uns seulement se battirent jusqu'au dernier moment, et périrent les armes à la main. Ceux-ci paraissaient être des serviteurs de la maison, et ils étaient chargés d'or, qu'ils venaient de puiser sans doute au trésor du propriétaire. Une femme même, une négresse dévouée à ses maîtres, gisait parmi les cadavres, tuée d'un coup de feu, et encore armée d'un yatagan et d'un pistolet. On trouva dans un coin des appartements un petit coffret plein d'or, que probablement on venait de tirer de sa cachette, et qu'on se disposait à emporter sous bonne escorte, lorsqu'on avait été surpris par l'attaque.

Cette habitation était celle de Ben-Aïssa, le lieutenant du bey Achmet. Lorsque les vainqueurs l'eurent fouillée et reconnue, ils s'aperçurent qu'elle longeait, par une de ses faces, une rue pleine de combattants indigènes. C'était cette rue même d'où partait le feu si bien nourri, qui, arrivant sur la grande ligne d'opérations, y arrêtait la colonne des assaillants. Comme le foyer de cette fusillade était en arrière de la maison dont les Zouaves venaient de s'emparer, ceux-ci pratiquèrent une ouverture dans le mur de l'étage supérieur du côté de la rue, et, jetant par là les meubles, les coussins, les tapis, les cadavres qui se trouvaient dans les appartements, ils formèrent, par cet amoncellement, entre les tirailleurs ennemis et notre colonne principale, une espèce de barrière par laquelle fut intercepté ce feu si incommode. Notre mouvement central put donc reprendre son cours. Comme à peu de distance au-delà du point où le temps d'arrêt avait été marqué, se trouvait une intersection de plusieurs rues divergentes, il allait devenir possible de faire rayonner plus librement nos forces dans différentes directions, de manière à couper et recouper les lignes de l'ennemi, et d'étendre et de nouer le réseau d'opérations sous lequel la défense tout entière devait être serrée et étouffée. Ce fut sans doute l'imminence de ce résultat qui amena bientôt les habitants à cesser les hostilités.

Cependant, le général en chef, voulant donner à l'attaque plus d'unité, ordonna au général Rulhières d'aller prendre le commandement des troupes qui se trouvaient dans la place. Lorsque ce général fut entré dans la ville, il reconnut que la distance à laquelle les ennemis s'étaient maintenus était encore d'un rayon bien court, puisque leurs balles arrivaient à quelques pas de la place où l'explosion avait eu lieu. Après s'être assuré que l'on pouvait déjà décrire un grand circuit par la droite, mais que ce moyen de tourner l'ennemi serait lent et peu efficace, parce que toute cette partie de la ville avait été presque abandonnée par les habitants armés, il se porta en avant pour dépasser la première rue de gauche, dont le feu avait jusque-là marqué la limite du mouvement central. Son intention était de se rabattre ensuite vers la gauche pour gagner la zone la plus élevée de la ville, et prendre ainsi les défenseurs dans un demi-cercle d'attaque; mais il n'eut pas le temps d'exécuter son projet. Il arrivait à hauteur des tirailleurs les plus avancés, lorsqu'il vit venir vers lui un Maure ayant à la main une feuille de papier écrite: c'était un homme que députait le pouvoir municipal de la ville, pour demander que l'on arrêtât les hostilités. Le général fit cesser le feu et conduire l'envoyé au général en chef. Celui-ci, après avoir pris connaissance de la lettre par laquelle les grands de la cité, rejetant la responsabilité de la défense sur les Kabayles et les étrangers soldés, suppliaient que l'on acceptât leur soumission, donna une réponse favorable, et fit prévenir le général Rulhières de prendre possession de la ville. Ce général se dirigea aussitôt vers la Casbah, afin d'occuper ce poste important, s'il était libre, ou de s'en emparer par la force, si quelques Turcs ou Kabayles de la garnison de la ville avaient songé à s'y renfermer et à s'y défendre comme dans une citadelle, malgré la reddition des habitants. En entrant dans cette enceinte, on la crut d'abord déserte; mais en avançant au travers des constructions dont elle était encombrée, vers le bord des précipices qui l'entourent du côté extérieur, on aperçut les derniers défenseurs, ceux qui ne voulaient point accepter le bénéfice de l'aveu de leur défaite, s'enfonçant dans les ravins à pic, la seule voie qui s'ouvrît désormais à leur retraite. Quelques-uns, avant de disparaître dans ces profondeurs, se retournaient encore pour décharger leurs fusils sur les premiers Français qui se montraient à portée.

Quand on fut tout à fait au-dessus de ces abîmes, en y plongeant le regard, on découvrit un affreux spectacle. Un talus extrêmement rapide retombe du terre-plein de la Casbah sur une muraille de rochers verticaux, dont la base pose sur un massif de pierres aiguës et tranchantes. Au pied de cette muraille, sur ce sol de granit, gisaient, brisés et sanglants, des corps d'hommes, de femmes, d'enfants. Ils étaient entassés les uns sur les autres, et à leurs teintes sombres et livides, à la manière dont ils étaient jetés par masses flasques et informes, on pouvait les prendre d'abord pour des amas de haillons. Mais quelque mouvement qui trahissait encore la vie vint bientôt révéler l'horrible vérité. On finit par distinguer des bras, des jambes qui s'agitaient, et des agonisants qui frémissaient dans leurs dernières convulsions. Des cordes rompues, attachées aux pitons supérieurs des rochers, où on les voyait encore pendantes, expliquèrent cette effrayante énigme : réveillée de la sécurité dans laquelle elle avait dormi jusqu'au dernier moment pour tomber dans les angoisses de l'épouvante, la population s'était précipitée vers les parties de la ville qui étaient à l'abri de nos coups, afin de s'y frayer un chemin vers la campagne. Ces malheureux, dans leur vertige, n'avaient pas compté sur un ennemi plus cruel et plus inexorable que ne pouvaient l'être les Français vainqueurs, sur la fatalité de ces lieux infranchissables, qu'on ne peut fouler impunément. Quelques sentiers, tracés par les chèvres et par des pâtres kabayles, existent bien dans différentes directions; mais la foule s'était lancée au hasard à travers ces pentes, sur lesquelles on ne peut plus s'arrêter : les premiers flots arrivant au bord de la cataracte, poussés par ceux qui suivaient, et ne pouvant les faire refluer, ni les contenir, roulèrent dans l'abîme, et il se forma une effrayante cascade humaine. Quand la presse eut été diminuée par la mort, ceux des fuyards qui avaient échappé à ce premier danger crurent trouver un moyen de continuer leur route périlleuse en se laissant glisser le long des cordes fixées aux rochers ; mais, soit inhabileté ou précipitation à exécuter cette manœuvre, soit que les cordes se rompissent, les mêmes résultats se reproduisirent par d'autres causes, et il y eut encore une longue série de chutes mortelles.

Après avoir mis un poste à la Casbah, le général Rulhières se rendit chez le cheik de la ville, afin de s'assurer du concours des principaux habitants pour le maintien de l'ordre, et de se faire indiquer les grands établissements publics et les magasins appartenant à l'État. Il parcourut ensuite les rues, rassemblant en troupe les soldats qui commençaient à se répandre sans ordre de tous côtés, et posant des corps-de-garde à tous les points importants. On était maître de Constantine, et deux ou trois heures après le moment auquel la soumission avait été faite, le général en chef et le duc de Nemours entrèrent dans la ville et allèrent occuper le palais du bey Achmet.

Ce fut un étrange et effrayant spectacle que celui de la brèche, pour ceux qui, arrivant du dehors, tombaient sans préparation devant ce tableau : c'était comme une scène d'enfer, avec des traits tellement saisissants, que sous cette impression, l'esprit, dans son ébranlement, se persuadait quelquefois qu'il créait, lorsqu'il ne faisait que percevoir ; car il y a des horreurs si en dehors de toutes les données de l'expérience, qu'il est plus facile de les regarder comme des monstruosités enfantées par l'imagination que comme des objets offerts par la réalité. A mesure que, montant par la brèche, on approchait du sommet, il semblait qu'une atmosphère chaude, épaisse, plombée, s'abaissait et peu à peu remplissait entièrement l'espace. Arrivé sur le rempart, on ne respirait plus l'air des vivants : c'était une vapeur suffocante, pareille à celle qui s'échapperait de tombeaux ouverts, comme une poussière d'ossements brûlés. En avançant encore, on apercevait des têtes et des bras sortant de dessous un monceau de terre et de décombres, là où quelques-uns avaient péri sous les ruines d'une maison écroulée ; plus loin, on trouvait un chaos de corps entassés les uns sur les autres, brûlés, noircis, mutilés, d'Arabes et de Français, de morts et d'agonisants. Il y avait des blessés qui étaient encore engagés sous des cadavres ou à demi enfoncés dans les excavations que l'explosion avait ouvertes sous leurs pas. On en voyait dont la couleur naturelle avait entièrement disparu sous la teinte que leur avaient imprimée le feu et la poudre, d'autres que leurs vêtements entièrement consumés avaient laissés à nu. De plusieurs il ne restait que quelque chose qui n'a pas de nom, un je ne sais quoi noir, affaissé, racorni, presque réduit en charbon, avec une surface en lambeaux, et à laquelle le sang arrivait par tous les pores, mais sans pouvoir couler ; et de ces petites masses informes sortaient des cris, des gémissements, des sons lamantables, des souffles, qui glaçaient d'effroi. Ce que les oreilles entendaient, ce que les yeux voyaient, ce que les narines respiraient, ne peut se rendre dans aucune langue.

Pendant que l'assaut se livrait, et même avant qu'il commençât, et dès les premières clartés du matin, un mouvement extraordinaire d'émigration s'était manifesté autour de la place. De Coudiat-Aty, on voyait la foule inonder les talus suspendus entre la ville et les précipices, et bouillonner dans cet espace, soumise à des flux et reflux qu'occasionnaient sans doute les difficultés et les désastres de la fuite. Le rebord de la profonde vallée du Rummel dérobait la scène qui se passait au-dessous de la crête des rochers verticaux ; on perdait de vue le cours des fluctuations de toute cette multitude, mais on le retrouvait plus loin, lorsqu'il sortait du ravin pour se ramifier en mille directions, le long des pentes que couronnait le camp du bey Achmet. C'est vers ce centre que convergeaient toutes les longues files d'hommes armés et désarmés, de vieillards, de femmes et d'enfants, et tous les groupes qui, entre les principales lignes de communication, fourmillaient à travers champs. Deux pièces de montagne, amenées sur la lisière supérieure du front du Coudiat-Aty, lancèrent quelques obus au milieu de cette nappe mouvante de têtes et de bournous, qui recouvrait les abords de la ville les plus rapprochés de nos positions. Les frémissements qui suivaient la chute de chaque projectile indiquaient quels cruels effets il avait produits. Mais à mesure que les progrès de l'assaut se développaient, les coups de nos pièces se ralentirent, comme si, le succès une fois assuré, on eût craint d'écraser un ennemi vaincu.

Dès qu'on eut reconnu les principaux édifices de Constantine, on en choisit un pour y établir l'ambulance ; aussitôt après la cessation des hostilités, les blessés avaient été ramassés partout où ils étaient tombés, arrachés de dessous les morts ou les décombres, et déposés à une des portes de la ville. Dès que leur nouvel asile fut déblayé de ce qui l'encombrait et garni de matelas, que les habitations voisines fournissaient en grande abondance, ils y furent transportés. En même temps, on avait placé des postes devant tous les magasins de l'Etat, de peur que le gaspillage et le désordre ne s'attachassent, comme un ver rongeur, à ces dépôts dont dépendaient, sous beaucoup de rapports, les déterminations à prendre sur le sort de notre conquête. Une partie des troupes fut introduite dans la ville, tandis que le reste continua à occuper les anciennes positions. Les soldats logés dans l'intérieur et ceux du dehors, lorsqu'ils pénétraient par les faux-fuyants et les sentiers escarpés dans la Capoue qui leur était interdite, parcouraient avec une étonnante verve d'activité toutes les habitations restées ouvertes, et dont la plupart étaient abandonnées, enlevant les couvertures, les tapis, les matelas et les objets d'habillement qui leur tombaient sous la main. Beaucoup d'officiers déployèrent, à cette occasion, un grand luxe de sainte indignation et d'austère stoïcisme, gourmandant, avec un emportement plus fondé en motifs généraux qu'en raisons actuelles, de pauvres soldats qui, après de rudes privations, voyaient à leur portée des éléments de bien-être, et croyaient pouvoir en profiter. Ceux-ci, en effet, se croyaient absolument dans leur droit, lorsqu'ils travaillaient à se pourvoir contre les intempéries de la saison et les incommodités du bivouac aux dépens du luxe d'un ennemi qui était tombé d'épuisement, plutôt qu'il ne s'était rendu, pour éviter aux deux partis les calamités extrêmes, et qui n'avait tendu le rameau de paix à ses adversaires que tout baigné de leur sang. Dès le matin du troisième jour de l'occupation, l'ordre était rétabli. Les soldats, casernés dans les rues qui avaient été régulièrement assignées aux divers corps, s'occupaient à nettoyer leurs armes et leurs vêtements, comme dans les cours des quartiers d'Europe. La population, d'abord fort appauvrie en nombre par la fuite des cinq ou six mille individus que la crainte de nos armes avait successivement détachés de son sein, se reformait déjà, et s'arrondissait par les rentrées quotidiennes de nombreuses familles. On voyait les habitants, dans certaines rues qui leur avaient été plus particulièrement abandonnées, dès le soir même de notre entrée, s'asseoir devant leurs portes avec un calme parfait, et former devant leurs maisons de petits cercles, où, accroupis les uns à côté des autres, ils causaient avec une grave insouciance, comme si aucun événement extraordinaire ne s'était accompli dans la journée, et qu'ils eussent à se raconter seulement des histoires des temps passés ou des pays lointains, et non des faits encore chauds, dans lesquels ils avaient été acteurs, et dont ils étaient victimes.

## NOTE (e).

Sans revenir sur les événements de la matinée de cette longue et mémorable journée du 13 octobre, remplie de tant de choses étranges et de faits admirables, nous ferons remarquer qu'une fois nos troupes entrées en ville le calme reparut ; les Musulmans, dans leur fatalisme philosophique, se résignèrent et courbèrent la tête : *Allah kbarr! Mectoub.* Dieu est grand, c'était écrit. Et la fraternité, une fraternité apparente et soumise, succéda à ces paroles sacramentelles. Ce n'est pas que l'intérieur de Constantine ne fût pas bien défendu ; comme nous l'avons déjà écrit plus haut, le feu était si vif à notre descente en ville, que dans une rue près de la brèche, les Zouaves se virent obligés d'entrer dans les maisons voisines, d'en tirer tout ce qui était nécessaire à la confection d'une barricade, et qu'ensuite le combat devint si acharné, que dans cette rue, large de 7 à 8 pieds, il y eut 45 Zouaves français ou arabes, et 91 turcs ou kabyles de Constantine tués dans leurs mutuels retranchements.

Plusieurs maisons aux environs de la brèche, particulièrement celle de Ben-Aïssa, soutinrent un siége particulier où nous laissâmes toujours bon nombre de nos soldats. (*)

Un exemple d'une résolution *toute spartiate,* qui ne fut connu qu'après la fin des hostilités, c'est que pendant qu'une partie des assiégés défendaient pied à pied l'entrée de leur ville, près de 300 habitants, hommes, femmes et enfants, se précipitaient dans le Rummel du haut des rochers qui bordent la Casbah, dont l'élévation au-dessus de l'eau n'est pas moins de 4 à 500 pieds ; d'autres moins hardis tentèrent de se laisser couler au bas de ces mêmes rochers, au moyen de cordes de laine, mais ces cordes cassèrent, et les corps de ces victimes du désespoir formèrent une avalanche que la mort seule arrêta. Lorsque nous regardâmes ces précipices, chacune des pierres en saillie retenait quelques lambeaux, sinon un membre de ces malheureuses créatures ; des mères, leurs enfants à la mamelle, étaient suspendues dans les fissures de ces roches, n'attendant plus que l'oiseau de proie pour les dépecer ; des vieillards à barbe blanche, des jeunes filles et de jeunes garçons remplissaient pêle-mêle les interstices de cette chute verticale..... Deux malheureuses femmes parvinrent miraculeusement au bas de cet épouvantable abîme, brisées, mais encore vivantes, et nos soldats réussirent, au bout de 36 heures, à atteindre ces deux seuls acteurs de la résolution héroïque de cette partie

(*) Nous laissons au récit de M. le capitaine Latour-du-Pin de peindre ces scènes de carnage ; le tableau qu'il a fait de l'assaut de Constantine est trop remarquable pour que, quiconque ayant envie d'écrire cette campagne, ne se sente le désir de faire participer ses lecteurs aux détails remplis de vérité qu'il renferme, aux saisissantes émotions qu'il fait naître.

de la population de Constantine. Ils les rapportèrent en ville; mais nous ignorons si cette conduite a pu donner à ces créatures et à ceux des indigènes qui les ont revues, une idée de l'humanité chrétienne et de son admirable charité.

Pendant que les projectiles sillonnaient en tout sens les sommités des habitations de Constantine, les Muezzins n'en montèrent pas moins aux terrasses des minarets pour appeler les Musulmans à la prière comme aux temps les plus calmes.

## NOTE (f).

Nous tenons de feu M. B......, capitaine au 3ᵉ. régiment de chasseurs, mort à Mdjez-el-Ammarr, au retour de l'expédition, les raisons alléguées par les différentes coteries pour éloigner le kaïd Soliman. M. B...... était l'ami d'Hadji Soliman, et fort au courant des affaires arabes auxquelles il avait été employé précédemment à son passage aux chasseurs d'Afrique. Voici ce qu'il écrivit de Constantine à ce sujet : « Les diverses parties intéressées à établir au moins pour quelque temps l'incertitude nécessaire à l'exécution de leurs projets, rejetèrent d'un commun accord le kalifa Soliman du pouvoir où le vœu et les désirs bien patents de la population semblaient l'appeler. Cet honnête homme ne put se joindre aux intrigants qui voyaient en lui le premier obstacle à leurs cupides projets; il travailla suivant sa conscience dans le seul intérêt de la France, pensant que l'autorité supérieure de l'armée saurait reconnaître l'ouvrier à son œuvre; mais sa perte était résolue par le parti qui ne s'occupait que des moyens de le renverser; tout fut mis en mouvement, et les personnages honorables qui demandèrent une enquête, une confrontation de ce Musulman avec ses accusateurs, ou la révocation de l'ordre arraché au Général en chef qui lui enjoignait de quitter Constantine sous vingt-quatre heures, n'eurent aucun succès. Sa présence eût trop apporté d'ordre dans la prise de possession de ce pays, et le témoignage d'hommes respectables et connus fut impuissant devant l'intrigue et la calomnie. »

## NOTE (g).

Vers le milieu du jour, deux Arabes venant du camp de Ferhat-Ben-Saïd, ancien scheick du désert, arrivèrent dans la tente du Kalifa Soliman, avec des lettres de cet ennemi d'Achmet, pour le Gouverneur général. Ces lettres annonçaient que Ferhat-Ben-Saïd ayant appris que les Français étaient arrivés sous les murs de Constantine, faisait ses dispositions pour rejoindre notre armée à la tête d'un corps de cavaliers. Les envoyés, après être restés quelques moments au quartier-général, repartirent pour leur pays, chargés des réponses du Gouverneur, et l'armée s'attendit à voir arriver ces auxiliaires du Saharah.

Ferhat-Ben-Saïd est descendant d'une ancienne famille connue sous le nom de Bou-Abbèze, qui de temps immémorial commandait les Arabes du Grand-Désert, au nom des beys de Constantine. Jusqu'à l'oncle de Ferhat, nulle autre illustration arabe n'avait disputé le pouvoir à cette famille ; mais Achmet-Mameluck, bey de Constantine, rompit cette légitimité des Ben-Saïd, et amena au commandement des Arabes, la famille Ben-Gana, dont Achmet, notre adversaire, descend par la mère. Cette famille Gana fut remplacée à la chute d'Achmet-Mameluck, par les Ben-Saïd et ne reparut qu'avec Hadji Achmet, lorsque ce dernier fut nommé par le Dey d'Alger, bey de Constantine. Les Ben-Gana étaient encore au pouvoir lors de la prise de Constantine : on conçoit d'après cela que Ferhat-Ben-Saïd et les siens, aient depuis longtemps offert leurs services à la France, et que ces envoyés arrivassent à notre bivouac de Mansourah. Ben-Saïd ne voulait que le renversement de ce qui existait, et déjà, sous le commandement du duc de Rovigo, il avait adressé à ce général en chef des envoyés chargés de s'informer si l'intention des Français était de s'emparer de Constantine. Aujourd'hui les Ben-Gana, commandent de nouveau au nom de la France : il devait en être ainsi, puisque la politique suivie dans notre prise de possession de cette province de l'ex-régence, fut de rendre aux créatures de notre ancien ennemi la puissance qu'ils avaient eue sous son règne.

## NOTE (h).

« Presque tous les Arabes se disent descendus d'Ismaël ; ils sont ordinairement maigres, secs et basanés, avec un regard assez souvent farouche, et ils portent la barbe, qui est parmi eux une chose sacrée.

» Les uns, et le petit nombre, habitent les villes, les autres toujours la campagne ; les premiers sont manufacturiers, industriels, marchands et négociants ; les Arabes des campagnes sont divisés en tribus. Chaque tribu, quelque nombreuse qu'elle soit, a un scheik, c'est-à-dire un chef qui la conduit, et auquel elle fait gloire de se soumettre et d'obéir.

Les Arabes campent sous des tentes tissées en poil de chameau, et ne s'arrêtent qu'autant qu'ils trouvent des pâturages pour leurs bestiaux.

» Les tribus se divisent encore en douairs : on nomme ainsi les villages de tentes qui marchent sous un même scheik, et qui se fractionnent dans une plaine pour être plus à leur aise. Tous ces douairs n'ont que deux avenues, l'une par où entrent les troupeaux, l'autre par où ils sortent, et l'on en ferme l'entrée et la sortie la nuit avec des fagots d'épines sèches, pour en empêcher l'entrée aux lions et aux autres animaux carnassiers.

» Les Arabes, en général, sont extrêmement superstitieux, naturellement mélancoliques et rêveurs, sobres, ils se contentent de peu. Ils aiment passionnément les chevaux, dont ils font la généalogie, bien que souvent ils ignorent le nom de leur propre père. Les Arabes se marient très-jeunes, et souvent ils quittent leurs femmes ou les échangent pour les moindres caprices ; les enfants eux-mêmes ne conservent pas ces attachements de famille, qui se perpétuent chez les Européens et font souvent les plus grandes jouissances de la vie. Aussitôt que les garçons sont en état de porter les armes et de monter à cheval, ils deviennent leurs maîtres et s'abandonnent à toutes les tendances de leur caractère. Du reste, chez eux, l'ancienne hospitalité qui faisait laver les pieds aux voyageurs que la Providence leur envoyait, existe encore dans les pays non troublés par les guerres européennes. »

## NOTE (i).

Le territoire d'Oran ne pourrait recevoir l'application géodésique que nous allons émettre en projet pour les autres parties de nos possessions. Le traité de la Tafna fait de cette portion du territoire, une exception que nous ne voudrions pas changer avant que le temps ait prouvé l'inutilité de ses résultats.

Toutefois, en cas de rupture, le territoire d'Oran est facile à limiter. Appuyé à la Tafna et au Chélif, on peut trouver entre ces deux rivières l'étendue de terrain nécessaire à l'essai d'occupation industrielle que nous voudrions voir réaliser, sans la prendre dans toute la grandeur du territoire d'Oran ; mais dans ce cas il faudrait remettre Tlemsen entre les mains de Mustapha, et envoyer Ibrahim ou tout autre chef à notre service, dans Mascara (*).

(*) Le premier avantage de ce nouveau moyen d'occupation, serait

À Alger, le massif des campagnes et la Mitidja avec l'occupation de Bélida et Coléah. Puis la formation d'un corps moitié Arabe, moitié Français, destiné à tenir garnison dans ces deux villes et à agir en colonnes mobiles dans cette plaine jusqu'à son entière soumission.

La remise de Bougie à un chef indigène, moyennant une redevance que nos bâtiments viendraient réclamer à ses termes, et l'établissement d'un Consul pour protéger le commerce des européens dans cette ville.

L'occupation de Stora à la Calle, en mettant pour limites intérieures les montagnes qui couvrent Guelma ou même le Ras-el-Akueba.

Constantine, sa province, jusqu'au désert, remise à un homme influent, comme nous en avons à notre disposition dans cette partie de nos possessions, à la condition qu'il paierait et ferait payer, à époque fixe, par le bey de Tittéry et autres chefs, nos auxiliaires, les redevances exigées anciennement par Alger, puis qu'il entretiendrait dans la soumission à la France, tous les pays situés entre ses possessions et la Mitidja. La province de Bone offrant les plus belles chances de culture et le moins d'obstacles dans la sauvagerie des indigènes, doit prendre une grande part dans les idées de délimitation; et le commerce, qui peut s'établir avec l'intérieur par Constantine, exige un solide établissement à Stora, dont la rade est meilleure que celle de Bone et plus à proximité de Constantine.

Pour tous ces pays, il serait nécessaire de créer des corps particuliers sous la dénomination de bataillons d'Afrique, de Zouaves, ou de régi-

de dégrever le trésor d'une somme énorme répartie comme émoluments à une quantité d'Arabes qui ne rendent d'autre service que celui d'une neutralité indifférente et souvent douteuse, qui, comme Scheiks ou Spahis auxiliaires, touchent des appointements que le gouvernement n'accorde, en France, qu'après des années de bons et journaliers services. Les généraux avaient ainsi acheté la paix de leurs voisins à des prix un peu élevés, et le dernier Arabe vagabond, devenu actionnaire du budget de l'Afrique, jouit d'une aisance que n'a pas le tiers de la population industrielle de la France.

Pour assurer des successeurs aux chefs que nous chargerions des provinces intérieures, Paris pourrait recevoir dans ses colléges, dans ses écoles militaires, les fils des familles de ces Musulmans, qui iraient, sous la protection spéciale du gouvernement, allier à leur caractère guerrier, les connaissances et l'urbanité des sociétés civilisées; le Pacha d'Égypte commence à recueillir les plus grands avantages de cette idée à lui, de faire des marins, des médecins et des savants avec le Fellah des bords du Nil, que tous ses devanciers avaient méprisé.

ments de Constantine, de Tlemsen, de Bélida, Coléah, etc., etc., nouvelles légions romaines destinées à fonder quelques établissements agricoles en dehors de nos lignes d'occupation, tout en maintenant le pays dans la soumission indispensable à son alliance commerciale avec la France, conséquemment à sa pacification.

Ce n'est point en étendant le cercle des terrains qui échappent à l'action de notre pouvoir, que nous parviendrons à obtenir une assurance de tranquillité dans les lieux les plus rapprochés des grands centres de nos possessions, mais bien en plaçant quelques jalons civilisateurs au delà de l'occupation restreinte à laquelle nous devons nous réduire d'abord, et en mettant toute notre attention à faire prospérer les essais de culture dans nos premiers établissements, avant d'en élargir les limites : l'organisation de ces corps spéciaux pour l'Algérie, dont la colonisation retirerait immédiatement de grands avantages, pourrait admettre un tiers d'indigènes, avoir des batteries d'artillerie et des escadrons de cavalerie, afin de se suffire à eux-mêmes vis-à-vis de l'ennemi. Les chefs indigènes seraient tenus de solder ces troupes sur les impôts qu'ils prélèveraient, de pourvoir à leur entretien et habillement déterminé par la France. L'avancement concourrait avec celui de l'armée, dont les chefs ne seraient que détachés, et les gouverneurs en Algérie auraient en outre mission de protéger leurs intérêts vis-à-vis des gouverneurs de province. Ces régiments, qui pourraient être portés à 5,000 hommes chacun, prendraient les couleurs nationales, et leurs soldats, qui finiraient par être les seuls combattants de la régence, amélioreraient leur existence et leur avenir en profitant de l'oisiveté de la paix pour cultiver la terre. (*)

Les deux tiers de ces troupes se recrutant en France, le gouverne-

(*) M. le lieutenant-colonel Marengo, commandant la place d'Alger, a organisé, depuis plusieurs années, des ateliers de travail, et fait cultiver, par les condamnés militaires, des terres qui offrent aujourd'hui les plus beaux résultats, tout en produisant un bien-être moral et physique pour les malheureux auxquels ces occupations lucratives et intéressantes font oublier leurs peines.

Cet essai, couronné de succès, n'est-il pas le meilleur argument pour l'organisation de légions d'hommes entourés de leurs intérêts les plus chers, travaillant pour se créer une position sociale honorable ; et n'offre-t-il pas la preuve que l'on parviendrait sans difficultés à fonder, par ce moyen, de petites colonies militaires, protectrices de nos établissements agricoles.

ment pourrait y admettre, de préférence, les soldats congédiés, mariés et chefs de familles. Car, c'est en acceptant toutes les affections intimes des hommes, qu'on les attache au sol où l'on a intention de les transplanter.

FIN.

## ERRATA.

Page 5, titre : rétroactif, lisez : rétrospectif.
— 20, ligne 20, si fangeuse de boue, lisez : si fangeuse.
— 22, — 20, Sphais, lisez : Spahis.
— 56, — 13, cette homme, lisez : cet.
— 90, — 30, pouvait voir dans, lisez : pouvait voir par dessus les.
— 96, — 21, mais en approchant, la végétation détruit l'illusion, lisez : mais en approchant,
l'illusion se détruit.
— 111, — 14, cette nouvelle question renouvelée tant de fois, lisez : cette question renouvelée.
— 119, — 21, par une pente sensible, lisez : insensible.

*Itinéraire*

## DE BONE À CONSTANTINE.

GUELMA

Monts Mahoun

de Bone

Hammam Brocca

Monts Aoara

Vigie Piedjoudi

Monts D

Askours

Neschmeia

Riv. Oudeba

Mout. Bérda

Seybouse Riv.

Drean

Route

Riv. Ben Jima

Emboneli Maffragy

Lac Fezzara

Golfe de Bone

BONE

Cap de Guardia

B.F.

MER MÉDITERRANÉE

Cap

Monts Baibou    Monts Onsel    Monts Méheris

Riv. Zenati

Ben Temtem    Mont Oum Settas    à Constantine

Announa  ·  Ras el Akba     Monts Bakkara     Monts Bou Gareb

Djez Amer

Riv. Zenati

Monts Siadda    Semha

Monts Ouahe    Riv. Bou Merzoug    Rummel

**CONSTANTINE**

Rummel

ag

Nouvelle

Route

Golfe de Stora     **STORA**

Fer

1   2   3   4   5   6   7   8   9   10 lieues

Itinéraire
DE BONE À CONSTANTINE.

MER MÉDITERRANÉE

PLAN DE **CONSTANTINE** ET DE SES ENVIRONS
Levé pendant l'expédition de 1837.

www.ingramcontent.com/pod-product-compliance
Lightning Source LLC
Chambersburg PA
CBHW072034090426
42733CB00032B/1679